JN248538

公式 うちキュン♥BOOK

# 火曜ドラマ 着飾る恋には理由があって

講談社

# #best_lines

写真とセリフで見る

## 正反対な二人が紡ぐ
## うちキュン❤ラブストーリー

シンプルを追求する
ミニマリスト

## 藤野駿

完璧を追求する
着飾り系女子

# 真柴くるみ

「今、携帯持たないで平気な人っているんですか!?
私、もしなかったら、もう落ち着かなくて、
なんかソワソワしちゃって、いてもたってもいられません」

「……物哀しいっすね」

「仕事のオンとオフはきっちり分けたい、
最低、純利益10万稼げれば、それ以上は店も出さない。
あらゆるものを厳選し、豊かな時間を大事にする、
違いがわかる、それが俺」

「……はっきり言って理解出来ない。

あんな物に縛られて、無理してる奴。なんか、すごい距離感じる。

でもまぁ……何か。……頑張ってる事だけは、わかるから。

カレーは分けてやる。隣のよしみで」

「いただきます。……おいしい。……おいしい」

「……ねぇ。前に聞いたでしょ？
何でこの家、シェアしたのかって。
人生100年時代。やっとこさ、50になって……
もうひとりでいいやって思ってる。
でも、ずっとひとりは無理かもしれない。
だから、この家が……
みんなの家になったらって。
好きな時、好きなように、好きな誰かと暮らす。
そんな日が来てもいいなと思ったの」

「マメシバ真柴さんの部屋は良く言えば色の洪水、
悪く言えば欲望と雑念のごった煮。
つまり、何が言いたいかって言うと、部屋の乱れは心の乱れ……
全てを整理すれば、探し物は必ず見つかります」

「……いいな。何もない部屋。大事な物があると……
失くした時辛いもんね」

「20代は、本当にきつかった。
管理栄養士とはいえ、普通に会社員勤め。
毎日業務に追われて……
出来ない事だらけで」

「30代、仕事でやらなきゃいけない事が
わかってくる。
でも、また次の悩みが出てくる。
結婚、出産……、
誰とどう生きるか。
ひとりのままなのか」

「40代を過ぎると、仕事の先行き、
家計、親の問題、
もっと悩みは複雑になって、
一周回って大事なのは
健康ってところに行きつくの。
もう今となっては、
健康で、いかに美味しくお酒が飲めるか。
それだけよ」

「……いっちょ前に、『才能ある』だの何だのおだてられて
店出したけど。全然うまくいかない。
……人使うとか、経営面とかさ。
何もわかってないって気付いた時にはもう
……店駄目で。……だからもう、無理すんのはやめた。
頑張るのもやめて……持ってる物も全部捨てて。
何もなくなったけど……よく見えるようになった。
俺が。だから……マメシバ真柴も無理すんな。
好きなように、すりゃいいよ」

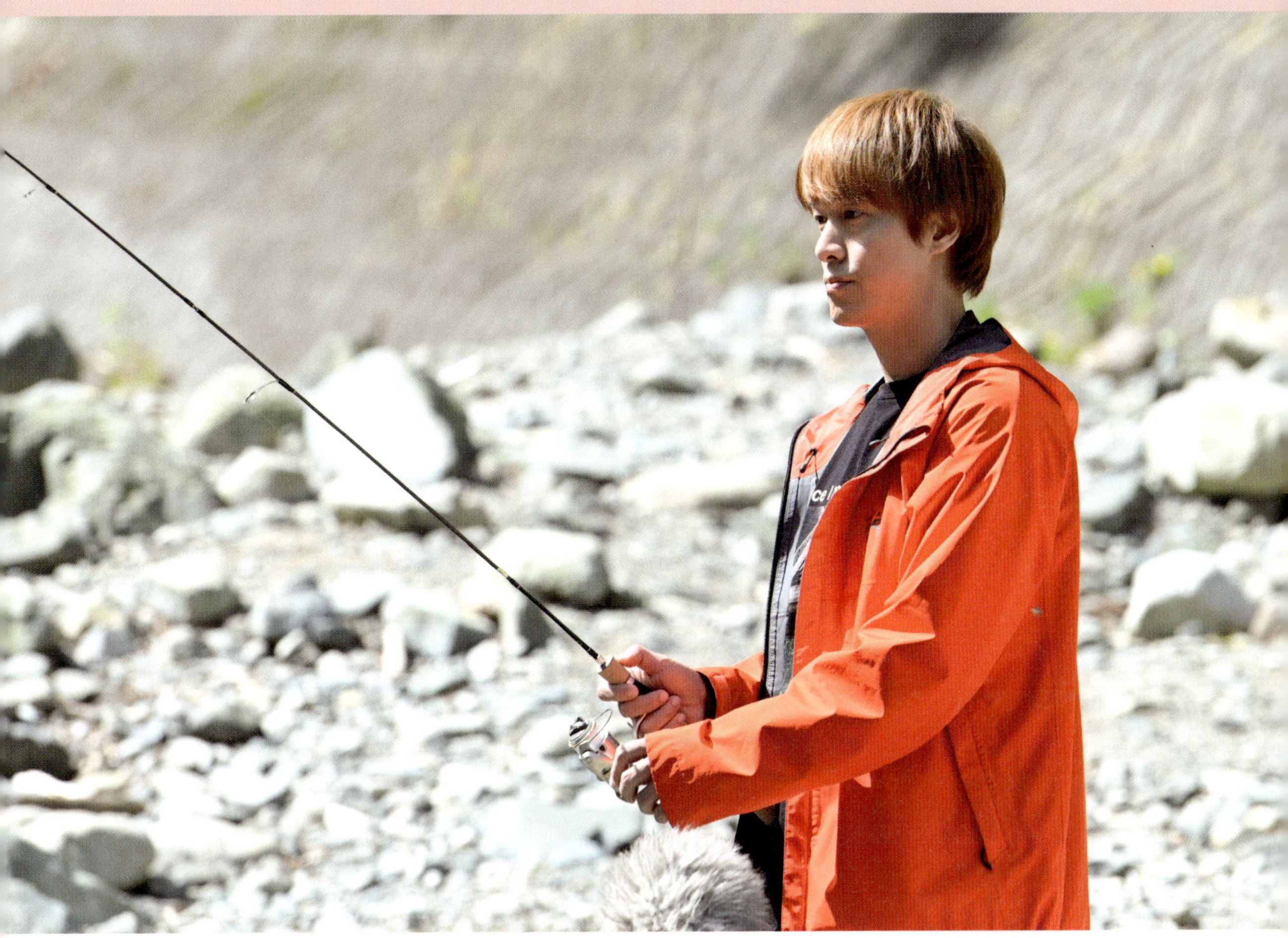

「昨日、大丈夫やった人が、
明日、大丈夫やなくなる。
世の中、そんなんばっかりやわ」

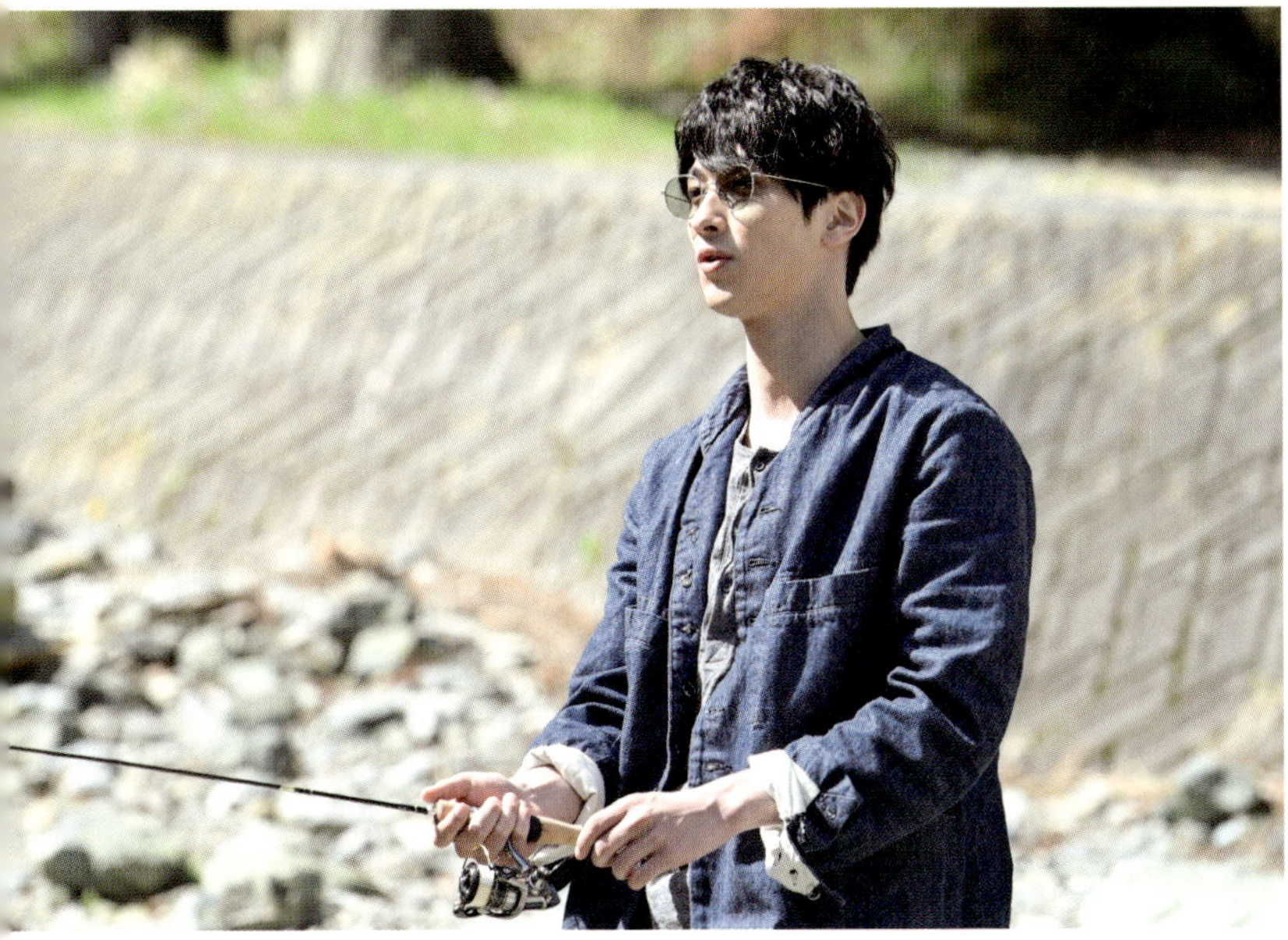

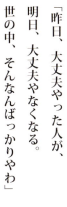

「後輩が、プロジェクトに苦戦してて……
やっぱり休んでないで、
一緒にやってあげた方が良かったかな」

「そういう時は、信じて任せる。
あれこれ指示して、
やらせたところで思い通りになんないし、
お互い疲れるだけなんだよね。
昔、店やってた時、そうだった」

「人の評価なんて関係ない。
自分で自分に胸を張る。
それでいいと思うけどね」

「まぁまぁ、景色を見なさいよ。
……外の世界で、
どんなに落ち込んでも。
うまくいかない事があっても。
これさえあればいいのよ。
空と水と空気」

「『あなたに何がわかる』って言わないの？
毎日、精一杯、お洒落して、一日何度も写真をあげる。
どんなにボロボロでも、笑顔で取り繕う。会社の為に……
その気持ち、あなたにわかる？　って言えばいいのに。
本当は、わかってる。毎日、忙しいのに……絵、見に来てくれて、ありがとう」

「最近、変な夢見るんだよね」

「ん？」

「真柴さんが、出てくる夢」

「……そう。じゃあ、もしかして……、
私の事、好きなのかもね」

「……どうかな、ちょっと待って、考える。
……そうだね。多分、好きだね」

「……『多分』なんて言われても」

「じゃあ、ただの、好き」

「『食べる門には福来《きた》る』！
香子さん、いつも言うでしょ。私が落ち込んだ時も……
『とにかく食べなさい、食べて元気になれ』って」

「……体だけ。大事にな。……。
カウンセラーやったら、これ以上、何も言わへん。
でも……！
羽瀬さんは……同居人やし、ほっとかれへんから、いらん事言うわ。
『もしあの時、向き合ってたら』って……
一生、後悔せえへん？」

「……大丈夫！　俺、手伝うよ。
そりゃ、もちろん、育児ですよ。
羽瀬さんひとり
ワンオペにはしない、
だってこの家だったら、
ファイブオペじゃない……！
何とかなるよ」

「……ギュー、してもらってもいいですか？」

「……もしかしてマメシバ真柴さん。
俺の事……、好きなのかもね」

「……そうだね。多分……好き」

「素直でよろしい」

「私、今日、丸一日休みなの、だから時間があって」

「俺も今日は時間がある」

「……『も』と『は』が逆じゃない？」

「はい？」

「俺『は』今日『も』時間がある」

「……まぁ、俺にとって時間は財産だから」

「……フォロワーさんが見て
楽しくなるような写真を上げないと。
レベル0《ゼロ》の私なんか求められてないから」

「素でいいのに……。普段のまんまで」

「……無理すんな、マメシバ真柴！」

「でも……休みの日ぐらい、
一緒に過ごしても」

「いつも一緒でしょ？　部屋、隣だし」

「……それはそうだけど」

「いいんじゃない？
そんなに決めなくても……流れで」

「流れ？　水の如く？」

「そう、水の如く」

「一切無理をしないノールール、しばりのない自由人。それが駿君。
自分にルールを課して、無理してでも頑張る。
それが真柴くるみ。
違う価値観の他人と友達になれる。共同生活のいいところよね」

「誰かに何か、言われなきゃ駄目なのかな。
誰かに『必要だ』って言われて、
『役に立ってる』って言われて……
そういうのが幸せ？　俺は自分で決めたい。
自分の価値は、自分で決める。
誰にも左右されない……そうなりたい」

「……正反対。考え方も習慣も、
価値観も正反対だけど……
私にない物、沢山持ってる。
藤野さんの事、もっと知りたい。そう思えるうちは……
一緒にいるって決めた。流れのまま、水の如く」

「……自分が思うままにね」

「どこまでも行くよ。『いつか』は『今から』だから。
いつか、こんな事をやりたい。
そんな『いつか』は来ない。『今から』やるしかない。
成功より挑戦を目標にしたい。とにかく前に進む。
きっと真柴だって……。10万人以上のフォロワーがいて、
世界中と繋がってる。そういう力があるって事、忘れるなよ」

「……『いつか』って思いながら、
今日も雑事に追われて、
何もしないまま。
本当は、『いいな』って思う物、
見に行きたい。
『これだ』って思う物を集めて、
沢山の人に紹介出来たら……
楽しいんだろうな……」

「マメシバ真柴。
一度、失敗した俺が言うのも何だけど……
やりたい事は、やれ。
見たい物は見るんだよ。行け!
実際、俺はそうしてきたし、そこは後悔してない。
だから、見たい物は見て、
『これだ』って思う物見つけて……
シャチに報告してさ。やりたいようにやれよ」

「……シャチさ、好きだよ。マメシバ真柴の事……
好きだよ、多分。荷物送ろうとして……真っ先に思い出したって。
……だから、俺はもういいよ。そもそも、こだわんないから……
誰が来て、いなくなっても。余計な物はいらない。
全ては流れのままに、水の如く」

「黙れ。……そうやって、手を放す。……いい？　よく聞いて。
藤野さんが好き。いつからかな……
一緒に桜、見に行った日からかな。藤野さんだよ」

火曜ドラマ
着飾る恋には理由があって

公式 うちキュン♥BOOK

着飾る恋には理由があって

# contents

# #special_talk

# 川口春奈
# ×
# 横浜流星

## スペシャル対談

## 「印象に残っているセリフは、『あなた、天才よ』。あの瞬間、駿は恋に落ちました」

**—約3年ぶりの共演、再会しての印象をお聞かせください。**

**川口**　年齢を重ね、多くの経験をして、前よりも大人っぽくなった印象は受けましたが、お話ししてみると「あぁ、こんな感じ！」と懐かしくなりました。根本的には何も変わっていないなと。真面目で、誠実な好青年。裏表がなく、でも自分の世界をしっかり持っている方です。

**横浜**　僕も同じです。外見的な部分では大人な女性になったなという印象でしたが、根っこの部分は変わらない。3年前からそうですが、壁を感じない、とても話しやすい方です。それはたぶん、川口さん自身がとても自然体だから。必要以上に気を遣わず一緒にいられる方だなと、改めて思いました。

**川口**　真柴と駿は、セリフのやりとりをすることが多いので、お互いに遠慮をせず、嘘なく自分の考えを言い合える関係性でよかったし、ありがたいなと思っています。

**横浜**　今回の作品では、二人でテンポよくやり合うシーンもあれば、しっとり会話を交わすシーンもあって、メリハリをつけなければと、川口さんと相談しながらやっています。

**川口**　監督が細やかな演出で、会話にリアリティを持たせてくださっていて、テンポを重視しつつも、間を取るところは取る。そうすることで笑いが生まれたり、心にグッとくるシーンが生まれたり……。家での会話も、「セリフを言う」という感じではなく、ナチュラルな感覚で話せるよう、それぞれが自然な言い回しに変えていたりして。リアリティのにじむやりとりが楽しくて好きです。

**横浜**　僕も監督から、駿のセリフ回しや話しているときの空気感など、「自然体でやってほしい」と言われ、意識していました。4話の終わりで、駿と真柴が二人で最《も》

中《なか》を食べているところがあるのですが、あのシーンはほとんどアドリブです。

**川口**　〝おいげん〟のところだ！

**横浜**　そうそう（笑）。

**川口**　〝おいげん〟というのは、終盤で星野源さんの楽曲がもう一回流れる場面のことなんですが（笑）。

**横浜**　〝おいげん〟のシーンは、わりと僕らの自由にやらせていただいていて。その部分はとくに、完成した映像がどうなっているのか、見るのが楽しみなんです。

**川口**　その最中《もなか》は、駿が真柴のためにツテを辿って買ってきたものなのですが、駿のその行動に、彼の真っ直ぐな人間性が表れているなと感じましたね。グッときたシーンでした。駿には、真柴が思わず心を持って行かれるような、そんなところがあります。少年っぽい、茶目っ気溢れる部分もあり、一方で陰を感じさせる部分もある。いろいろな引き出しがあるのが垣間見えて、真柴は彼にひかれていくのかなと思いました。駿が頑張っている真柴に対してポツリと言う言葉が、毎回、すごく響くんです。それもまた、駿への気持ちが深まるカギになっているように感じました。

## 「頑張っている真柴に駿がポツリと投げかける言葉が、毎回、とても心に響いています」

**横浜**　駿も同じように、真柴から大きな影響を受けています。真柴が日々、背伸びをして着飾りながら、一生懸命に頑張っている姿というのは、駿にはない部分。だからその姿を「カッコいいな」と思うし、1話で真柴が泣きながらカレーを食べる姿から、目が離せなかったんだと思います。

**——とくに印象に残っているシーンを教えてください。**

**横浜**　セリフとしていちばん印象に残っているのは、真柴の「あなた、天才よ」です。もともと台本にはあのセリフはなく、プロデューサーや監督との話し合いで、前日ぐらいに付け加わったんです。駿の過去も今も受け止めて、救ってくれるような言葉。真柴の優しい言い方も含めて、駿が完璧に恋に落ちたところだと思っています。

**川口**　真柴としては、2話で駿が初めて過去を話してくれたことが大きかったような気がします。真柴の頑張りを理解して受け止めてくれたうえで、自分の過去について少し話し、「自分はもう無理するのはやめた。だから、お前も無理すんな」というような言葉をか

けてくれた。真柴にはすごく意外で、嬉しくもあっただろうし、いろいろなことを考えるきっかけになったと思います。

**横浜**　あのシーン、よかったよね。

**川口**　そうだね。駿には「言ってやったぜ」という感じがまったくなく、いつもサラッと言葉を発するんです。だからこそズドンと胸に刺さることが多い。きっと真柴もそうだったんだと思います。

**横浜**　仙人みたいに、名言を言うからね（笑）。いかに「言ってやった」感を出さないかは、気を配ったポイントです。駿には苦い過去があり、キツい経験をしたからこそ出る言葉。見ている方に説教くさく受け取られることのないよう、あくまでも彼の本音がポロッと出る感じにしたいなと思いました。それから、僕は真柴のあのセリフも好きだったな……。

**川口**　え、どこ？

**横浜**　1話の、香子さんの「戻ってこい、トキメキ力！」に反応して、真柴が「うん、戻ってこい！」って言うところ。

**川口**　あれは、完全に素でしたね（笑）。真柴は、オンのときは着飾るキラキラガールですが、豪快で大胆で、〝おっさん〟っぽい一面もあります（笑）。そういうギャップがあった方が、視聴者の方も親近感を抱いてくださるのかなと思い、気を抜いているときは、女子っぽさのない真柴でいたいなと意識していました。

「駿はどんな想いでこの料理を作ったのだろう。そう考えるとより沁みます」

**横浜**　3話で行ったキャンプも楽しかったよね！

**川口**　うん、楽しかったね。天気に恵まれて。まるで大学のサークルのような気分を味わえました。

**横浜**　空気が澄んでいて、目の前には富士山。あの景色は気分が変わりました。露天の温泉も！

**川口**　ああいう温泉は撮影でないとなかなか足を運べないので、貴重な体験でした。

**――ドラマでは、駿が作る料理の数々も見どころのひとつです。**

**川口**　そうですね。料理は、毎回いただいています。

**横浜**　うまいよね～！

**川口**　本当においしいです。さらに「駿はどんな想いで、この料理を作ってくれたんだろう」と思いを馳せると、より沁みるんです。人は食事からパワーをもらっていて、食べることで笑顔になったり、幸せになったり、泣いたり、そういう姿を私は美しいなと感じます。ですから駿が作ってくれる料理を食べる際は、ただおいしくいただくだけでなく、そのときの真柴の感情はどうなのかを考えるようにしています。おいしい料理の数々が、そうした思考を助けてくれています。

**横浜**　駿の料理を食べたときの、真柴の「うまっ！」って、いいですよね。料理を作って、渡して、ああいう反応をしてもらえると、作る側もやっぱり嬉しい。

**川口**　台本には「おいしい！」とあるのですが、個人的にはそういうときに「うまっ！」と言う女の子が好きなので、そこはアレンジさせていただいています（笑）。

**横浜**　うん、「うまっ！」は真柴っぽい。「本音で言ってくれている」という感じがして好きです。

**川口**　パスタのパエリアも、おいしかったな。

**横浜**　あ、フィデウアね。

**川口**　そうそう。あと、エルビスサンド。食べる前は「どんな味なのかな」と思っていたけど……。

**横浜**　ヤミツキになる味！

**川口**　そう。しょっぱいと甘いの、エンドレスループだったね。

**横浜**　甘いのは苦手なんですけど、あれはクセになるなと思いました。ただ、あればかり食べていたら確実に太るだろうなと。悪魔のカロリーですからね（笑）。2話の、さきいかとセロリの和え物はおいしかった？　僕、あれは食べてなくて……。

**川口**　うん、すっごくおいしかった！　私、あれがいちばん好きかも。ピリ辛でお酒のアテに最高！

**横浜**　やっぱり、そうだよね！

**川口**　食べるって、人間にとっては不可欠で大事なことですよね。私は普段から、食事をしていて「涙が出るほどおいしい」「私を元気にしてくれている」など、食事が体にしみわたるという感覚をよく味わっているので、1話でカレーを食べながら涙をこぼした真柴の気持ちは、痛いほどわかりました。

**横浜**　僕はまだ、その域には達していない……。一日を頑張るためのエネルギーという感覚で食事をお腹に入れているなと、川口さんの今の話を聞いていて反省しました（笑）。駿を演じていて、自分が作ったものを「おいしい」と言ってもらえたり、自分の好きな食べ物を一緒に食べて「おいしいね」と言い合えたりと、食が人との関係を繋ぐなと実感しています。

## 「自分が作った料理をおいしそうに食べてもらえる。その喜びを知りました」

**――劇中で、駿が“最後の晩餐”について語るシーンがありました。お二人が“最後の晩餐”に選びたいのは？**

**川口**　カニ、かなぁ？

**横浜**　へーっ、カニ好きなんだ！

**川口**　大好きなんで明日死ぬとわかっているなら、たらふく食べてやろうと思います（笑）。ゆでガニを酢で食べるのが、いちばん好

きな食べ方かな。

**横浜**　僕は、辛いラーメンかな。辛い食べ物が大好きなので。最後だから、もう、お腹が痛くなるくらい猛烈に辛いのを食べようかなと思います。

**——早乙女家での共同生活を経験してみて、いかがですか？**

**川口**　まったく違う境遇の人たちが集まって一緒に暮らすというのは、もちろんストレスもあると思いますが、同居人に対して「わかりたい」という気持ちが生まれたり、自分が弱っているときに、誰かが家にいてくれるという安心感を得られたりと、人の温かさを感じられていいなと思います。

**横浜**　「行ってきます」「行ってらっしゃい」「ただいま」「おかえり」と、何気ないやりとりが日常的にできるのは、幸せなことだと感じました。疲れて帰ってきたとき、「おかえり」のひとことがジーンときたりすることもある。当たり前のようで当たり前ではない、心が安らぐ環境だと思います。

「人がそばにいる温かさを感じられる。それがルームシェアのよさだと思います」

**川口**　そして、香子さんの家が本当にステキなんです。広くてキレイ。私は洗面所からランドリールームにかけてのスペースがお気に入り。お風呂場には窓があって日中は明るい光が入り、観葉植物が置いてあったりもして、とても気持ちのいい空間なんです。

**横浜**　僕はセット内だと、リビングが好き。広いんだけど、なんだか落ち着くしつらえなんです。あとは、外のガーデンスペース！

**川口**　あそこはステキ！　家にあんなスペースがあったら最高。

**横浜**　眺めがよくて、夜景もキレイって、本当に贅沢。もし、香子さんの家に住まわせてもらえるなら、僕はずっとあそこにいるだろうな（笑）。今の季節（※取材は5月）なんて、間違いなく気持ちがいいはずだよ。

**――真柴と駿がハマった〝共同生活の甘い罠〟。実際にも起こり得ると思いますか？**

**川口**　あると思います。私は男女の友情はないと考えているので。最初は「まったく興味ないよ」と思っていても、同じ家に住んで、生活を共にしていれば、いいところも見えてくるだろうし。

**横浜**　僕も、絶対にあると思います！　家の中では、オンのときだけじゃない、オフのときの姿も見られるわけです。ましてや男と女、一緒にいたら、確実に何か起きますよ。「友達」というのはキレイゴトで、友達という関係を続けるために、どちらかが下心を隠しているはず。ね、絶対あるよね？

**川口**　うん。ましてや、ドラマみたいに2対2だったら余計ね。

**横浜**　進展の可能性を掴めるかどうかは、自分次第だけど（笑）。

**――真柴と駿、二人の結末が気になりますが……。**

**川口**　結末がどうなるか、私たちもまだ知らないので、純粋に楽しみです。駿との関係やほかのキャラクターとの関係、また仕事において、真柴自身がどういう選択をしていくのか……。真柴はいろいろなことに興味を持ち、前向きに取り組むパワフルな女性なので、希望のある結末が待っていればいいなと思います。

**横浜**　真柴がシャチと結ばれたらショックなんですが……（笑）。自分としては、過去から逃げている駿が、どう克服するのか。きっと今まで以上に大きな壁が立ちふさがりますが、乗り越えられるよう頑張りたいと思います。

「『ただいま』『おかえり』と日常的に言い合える。そんな環境はとても幸せだと思う」

# #character_guide

## kurumi_mashiba

# 真柴くるみ

## 川口春奈

**profile_haruna_kawaguchi** 1995年２月10日生まれ。長崎県出身。2007年より2011年まで、雑誌『ニコラ』の専属モデルとして活躍。2009年、ドラマ『東京DOGS』（フジテレビ系）で女優デビューを果たす。以降、幅広いジャンルのドラマや映画にて活躍するほか、CMにも多数出演。近年の出演作に、大河ドラマ『麒麟がくる』（NHK）、スペシャルドラマ『教場』（フジテレビ系）、ドラマ『極主夫道』（日本テレビ系）、映画『九月の恋と出会うまで』などがある。

## 1

### フォロワー10万人以上の人気インフルエンサー

若い女性を中心に人気のインテリアメーカー『el Arco Iris』の社員で、広報課に所属。会社のアカウントと個人アカウントを駆使し、自らSNSに顔出しをして、会社や新商品を精力的にアピール。こまめに投稿し続けて5年。努力の甲斐あって、今やフォロワーは10万人を超え、人気インフルエンサーとして多くの支持を集めている。朝起きてから寝るまで、片時もスマホが手放せない。

## 2

### 服からネイルまで一切の手抜きなし！

インスタグラムを中心に回っている真柴の生活。〝見られる立場〟という意識から、洋服や靴、バッグなどの小物は過去の投稿とかぶらないように気を付け、外出時はヘアメイクばっちり、足元は高いヒール、ネイルは毎日変えるなど、オシャレに手を抜かない。そんな彼女の部屋の中は、駿曰く「良く言えば色の洪水、悪く言えば雑念と欲望のごった煮」状態だった。しかし駿に影響を受け、ときには力を抜き、自然体でいることの心地よさを知っていく。

## 3

### 職場では中堅どころみんなに頼られる存在

仕事ぶりはいたって真面目で責任感が強く、細かいところまで気が回る性格。やるとなったら一生懸命に取り組み、きちんと成果を出す頑張り屋。緊急時の対応にも長けていて、後輩だけでなく、上司からも頼りにされている。泣きつかれると、プライベートの時間を削ってでも後輩の相談にのったりしてしまいがち。またファッションセンスのよさで葉山からの信頼も厚く、彼のコーディネート係として、公の場での服装を提案していた。

## 4

### 片思い歴7年と一途憧れが仕事への情熱に

真柴が仕事に情熱を注ぐのには、葉山祥吾の存在があった。20歳のとき、雑誌で葉山の記事を見てから7年。才気溢れる社長への憧れを胸に秘めつつ、「毎日、見るだけで幸せになる。そんな商品を売りたい」という気持ちで、オンもオフもなく働いてきたのだ。葉山が社長を退任し、突然姿を消したことにショックを受け、きっともう連絡は来ないと気持ちにケリをつける。だがそんな真柴の前に、葉山が再び姿を現した。

## 5

### 考え方がまったく違う駿にひかれ始める

初対面から遠慮のない発言の連続で、駿にいい印象を持てなかった真柴。だが彼の言葉には、自分が仕事やSNSに必死になるあまり見落としていた大切なことや、彼なりの思いやりが潜んでいることに気づき、次第に駿にひかれていく。好きな気持ちは通じ合ったものの、無理はせず、自分のペースを守るという駿の考え方は、真柴の理解が及ばない部分も多く、すれ違いが起きることもしばしばだ。

## 6

### いつか、見初めた品を買い付けるバイヤーに

SNSで情報を発信する広報の仕事に手ごたえを感じていたが、葉山の退任をきっかけに、会社の方針がいろいろと変わり、前ほど期待されていないことを感じ取ってもやもやする真柴。自らのセンスを武器に、世界中からステキなアイテムを見つけてくる葉山に憧れ、自分もいつか彼のように、「いいな」と思った物をたくさんの人に紹介できるバイヤーになれたらという夢を抱いていた。

#interview

# 川口春奈

haruna_kawaguchi

「キラキラ女子に見えて、実はとても人間くさい真柴の生き様には元気をもらえる」

真柴くるみは、素直で真っ直ぐな女性。決して器用ではなく、外では着飾ってキラキラ女子のように見えますが、実は悩んだりへこんだりと人間くさい部分があり、そのギャップが視聴者の方々に親近感を抱いてもらえるポイントなのかなと思います。任された仕事に全力を傾け、一生懸命に頑張る姿は同じ働く女性として尊敬できますし、どんなにうまくいかないことがあっても、泥くさくひたむきに生きる姿に私も元気をもらっています。

物語が進むにつれ、駿との関係性や社長への想い、働く女性としての一面、シェアハウスの暮らしで覗く素の部分、家族に見せる顔など、真柴にはさまざまな表情があるなと実感しています。演じるうえでは難しさもありますが、いろいろな角度から真柴の魅力を見せることができるのは、楽しいです。真柴にとっての駿は、正反対の価値観をもった存在。だからこそ真柴に、いろいろな気づきをもたらしてくれる。そして周りに振り回されない彼の潔さに、どんどんひかれていきます。葉山社長に関しては、恋愛感情以上に、人として尊敬する気持ちや憧れが強いのかな、と考えています。駿と社長、男性としてのタイプはまったく違いますが、二人ともそれぞれ生き方にブレがなく、カッコいいなと思います。

駿というキャラクターは、料理なども含め、とても難しい役どころ。演じる横浜（流星）さんはきっと大変だろうと思いますが、現場では常に淡々と自分のやるべきことに誠実に向き合っている姿がステキです。私に対しては変に遠慮したり、気を張ったりすることなく自然な佇まいでいてくれるので、私も気を遣わず芝居をぶつけられるし、芝居について聞きたいことや言いたいことを何でも言えます。一方的にかもしれませんが（笑）、私は芝居のフィーリングが合うなと感じています。

（中村）アンちゃんは普段から仲がいいので、こうやってまた一緒にお仕事できて嬉しいです。羽瀬さんは、彼女がこれまで演じてこなかったタイプのキャラクターで、そばで見ていても新鮮！　丸山（隆平）さんは、太陽のように明るい方。丸山さんがいるだけで、現場の空気が温かくなります。向井（理）さんはとてもチャーミン

## 「人と接することで得られる温かさや安心感をドラマを通じて感じてほしい」

グで、1訊ねると5答えてくれるような、優しいお兄さんといった印象を受けます。夏川（結衣）さんが演じる香子さんは、とにかく愛があって魅力的！　私もああいう女性になりたいと憧れます。そしてみんなのアイドル、こうじ！　現場でこうじに会えないと寂しくて、「今日、頑張れるかな……」と弱気になってしまうくらい、気持ちを支えられています。無邪気な愛らしさに癒やされていて、「やっぱり動物のパワーはすごいな」としみじみ感じます。キャストの方々が皆さん〝陽〟のパワーの持ち主なので、現場は明るく笑いに溢れていて、いつも穏やか。その温かい雰囲気に救われています。

　また今回の現場では、お芝居をしやすい環境を整えていただいているなと感じます。たとえばシェアハウス内の部屋。暮らすキャラクターの個性が際立つつくりになっていて、インテリアや持ち物などの細部まで、彼女らしい、彼らしいモノで揃えられています。冷蔵庫の中の食べ物も、「真柴」「駿」などのボックスに分けられているのですが、「この人、これ食べそう！」という食材が入っていて……。画面には映らないような部分まで丁寧に作り込んでくださっているスタッフワークに、驚かされています。脚本に書かれたセリフをベースに、監督が各キャラクターに寄り添う演出をして、その画を繊細に切り取り、編集してくださいます。1時間という限られた時間の中で、各キャラクターの魅力や、彼らが抱える想いをリアルに届けるのは至難の業だと思いますが、完成作を観るたび、展開を知っているはずの私の胸にも刺さるシーンがあり、感情を揺さぶられています。

　真柴はインフルエンサーとして活躍していますが、私個人としては、SNSにあまり囚われたくないなと思っています。便利ではありますが、気を付けないといけないものでもあるので、ほどよい距離感で、楽しくやれればと。私のデジタル・デトックス法といえば、豊かな自然の中に身を置くこと。キャンプやグランピング、温泉などで喧騒から離れ、しっかり深呼吸をして自分を取り戻す。そういう時間を大切にしています。

　真柴を演じていて、まったく違う価値観をもつ人たちが共同生活をするのは大変な面もありますが、それ以上に得るものが多いなと感じています。「自分らしくいればいい」と背中を押してくれる人が常に近くにいる心強さ、つらいことがあったとき、家に誰かがいるという安心感など……。この作品を通じて、人と接する温かさを感じてもらえれば嬉しいです。

# #character_guide

shun_fujino

## 藤野駿

## 横浜流星

**profile_ryusei_yokohama** 1996年９月16日生まれ。神奈川県出身。特技は極真空手。2011年に俳優デビューし、2019年、ドラマ『初めて恋をした日に読む話』（TBS系）での好演が話題を呼び、注目を集める。その後、ドラマ『あなたの番です－反撃編－』（日本テレビ系）、『私たちはどうかしている』（日本テレビ系）、映画『いなくなれ、群青』『きみの瞳が問いかけている』などの作品に出演、鮮烈な印象を残す。「2020エランドール賞」新人賞、「第43回日本アカデミー賞」新人俳優賞受賞、「第15回ソウルドラマアワード」アジアスター賞受賞。

## 1

### 料理をこよなく愛する 超マイペースなシェフ

カレーを提供するキッチンカー『Fuji Bal』の店主。従業員は自分だけ、店は都内のあちこちで不定期営業という、気ままな営業スタイルを貫いている。頑固だが料理の腕は確かで、和洋中、全方位得意。その味は香子や食通の葉山も認めるほどのクオリティだ。料理を始めると目の色が変わる。作った料理には絶対の自信があり、おいしそうに食べてくれる姿を目にすると笑顔がこぼれる。

## 2

### 必要最小限のもので 暮らすミニマリスト

「あらゆるものを厳選し、豊かな時間を大事にする」というのが、本人の言い分。ミニマリストゆえ持ち物はとても少なく、洋服は、気に入ったものを数着だけ。必要のないものをとことん削ぎ落として暮らす駿の部屋は、真柴の部屋とは対照的にガランとしている。仕事に関しては、月に最低10万円の純利益が出ればいいと言い切り、オンとオフをきっちり分ける派。仕事が休みのときはビールを片手に、テレビを見てのんびり過ごす。趣味はアウトドア。

## 3

### 携帯に縛られない 今時、珍しい生き方

携帯は部屋のどこかに置きっぱなしの駿。彼にとっては、四六時中、携帯で写真を撮ったり文章を書いたりしてSNSを更新する真柴の行動が、携帯に縛られているように感じられ、理解できない。携帯の中ばかりではなく、ときには携帯を手放して、自然など外の世界にも目を向ける大切さを真柴に諭す。二人の関係が深まり、真柴はやりとりができるよう、駿に携帯を持ち歩いてくれないかと言ってみるが、駿はその習慣はないと、あっさり断るのだった。

## 4

### 大切な店を 潰してしまった過去

20歳そこそこでスペインに渡り、有名店『アラセリス』に転がり込んで修業を積んだ後、帰国。スペイン料理店『Hortensia』でシェフを任されたが、人の使い方や経営面などで揉めて従業員が一斉に辞める事態となり閉店。その苦い経験は彼の中で大きな傷となり、以来、夢や野心は持たず、誰とも関わらず、無理をしないというスタンスに。しかし、生き方に迷う真柴には「やりたい事は、やれ」と声をかけ、背中を押す。

## 5

### 能天気な言動の裏に 隠された優しさ

駿のあっけらかんとした物言いに、真柴がカチンとくることもたびたび。だが人に無関心なようで、元気のない彼女を励まそうと料理を作って食べさせたり、会社からSNSの更新を止められ、やりたいことがわからなくなってしまった真柴に対して「好きなように、すりゃいいよ」と息が抜けるひとことを投げかけたりと、優しさがある。また、交わした約束を守ろうとするなど、ピュアで誠実な一面も。

## 6

### 食や食材への こだわりは人一倍

料理人だけに食へのこだわりは強く、おいしい料理を作るためには、県外まで食材を調達に行ったり、下準備をしたりと手間を厭わない。ちなみに駿の『最後の晩餐』候補にノミネートされているのは、①『蕎麦きゅう』のかき揚げ天ぷら御膳、②北海道の３色海鮮丼、③バルセロナで食べたイカ墨のパエリア。好物は海老で、お気に入りのアルコールは、スペイン産のモルト焙煎ビール。

# 横浜流星

ryusei_yokohama

「苦しい過去があってもなお明るく振る舞い人と関わり続ける駿をすごいと思う」

駿は、「周りの目を気にせず、自分らしくありたい」という想いを大切にしています。撮影前に制作の方からいただいたキャラクターに関する資料に、「駿はボブ・マーリーの『自分の生きる人生を愛せ。自分の愛する人生を生きろ』という言葉を大切にしている」という記述があり、そういった背景も参考になりました。過去には苦しい経験をしていますが、それでもなお、人前では明るく振る舞っているところがすごいなと思います。僕がもし人間関係でつらい経験をしたら、ふさぎ込んで人との繋がりを完全に断ってしまうと思うのですが、駿は人とほどよい距離感を保ち、関わり続けています。まだ100％自分らしくはいられていないのかなと感じていますが、そんな彼が、これからどんな姿を見せていくのか楽しみです。

料理男子、しかもプロの料理人という役どころ。しかし僕自身は自炊をまったくやってこなかったので、最初は不安でした。2ヵ月ほど指導していただき、自炊もしてみて、ある程度慣れてはきたものの、料理をしながら駿としての芝居もしなければいけないのが大変です。料理をしているときは、駿のほかでは見せないような表情を見せたいと思っているのですが、もともとひとつのことしかできないので、玉ねぎを切っていると、どうしても手元の玉ねぎに集中してしまい、つい真顔に……難しいです（笑）。

僕は、駿にとって真柴は、〝憧れ〟なのだと考えています。価値観はぜんぜん違うけれど、自分にないものを持っていて、ときにはしんどい思いをしてでも前を向き、一生懸命に頑張る真柴の姿が、駿の目にはカッコよく映るのだろうなと。駿は過去から逃げてしまっているので、自分にはできなかった生き方を貫く真柴にひかれるのかなって思います。真柴役を演じている川口（春奈）さんは、久しぶりにご一緒して、スイッチが入ったときの集中力がすごいなと改めて感じました。「よーい、スタート！」の声がかかった瞬間、まとう空気がバッと変わり、涙が溢れて止まらなくなる様子には、目を奪われました。

共演者も、優しい方ばかり。はるちゃん（寺井陽人）を演じる丸山さんは、とても明るく楽しい方。二人でいるとき、「俺は自分のた

## 「やるべきことに集中していたらいつの間にか周りに振り回されなくなっていた」

めには頑張れない。誰かに尽くすことを糧に生きている」というような話をポロッとされていて、「はるちゃんそのものだな」と思いました。羽瀬さんを演じる中村さんは、僕の中でもう〝羽瀬さん〟のイメージで固まっています（笑）。中村さんご自身は柔らかな人柄ですが、ドラマでは誰よりもイケメン！　葉山役の向井さんは、穏やかで柔らかく、フラットな空気をまとっておられる方で、葉山というキャラクターの魅力をより引き立たせていると思います。あんな人がライバルだと、駿が身を引こうとしてしまうのもよくわかりますね。香子さんは家主としてみんなを明るく照らしてくれる存在ですが、夏川さんご自身もいつも明るく、現場を盛り上げてくださるんです。また、こうじの存在には元気をもらっています。僕は動物が大好きなのですが、愛が重いのか嫌われるタイプで、実家の犬にも逃げられてばかり（笑）。でもこうじは僕の愛をちゃんと受け止めてくれるので、嬉しいです！

駿の「自分の価値は自分で決める」「人の評価なんて関係ない」というセリフは、とても印象に残っています。僕自身、10代の頃はどうしても人と比べてしまったり、「こう見られなければ」という考えに縛られたりしていました。でも、周りを気にするあまり、自分のやるべきことができていないという現実に気づきました。「まずは目の前にある課題に、全力で向き合わなければダメだ」と気持ちを切り替え、自分のことに集中していたら、いつの間にか周りのことはどうでもよくなっていて。今は人と比べることはないですし、「人生一度きりだから、自分らしく生きなければもったいない」と考えています。

以前から、プロデューサーの新井（順子）さん、演出の塚原（あゆ子）さん、脚本の金子（ありさ）さんというこのチームの手掛ける作品が好きで、「いつか一緒にやりたいな」と思っていたので、今回は念願が叶って本当に嬉しかったです。台本を読んだとき、現場で芝居をしたとき、そして映像になったとき、3段階で作品の世界観がどんどん広がっていくのを感じられて楽しく、「このチームだからこそ、味わえる面白さだ」と思いました。塚原さんは日常感を大切に演出されるので、芝居であることを意識せず、生っぽい会話のやりとりができるところに、やりがいを感じています。

視聴者の方々が作品を通じて癒やされ、「明日も頑張ろう！」という気持ちになってもらいたいですし、一人でも多くの方の記憶に残る作品になれば、幸せです。

# #character_guide

## haruto_terai

# 寺井陽人

## 丸山隆平

**profile_ryuhei_maruyama**　1983年11月26日生まれ。京都府出身。2004年、関ジャニ∞のメンバーとしてデビュー。グループ内では、主にベースを担当している。俳優としても活動しており、テレビドラマや映画、舞台に多数出演。多彩な役を演じ、演技の幅を広げている。近年の出演作に、ドラマ『よつば銀行 原島浩美がモノ申す！～この女に賭けろ～』（テレビ東京系）、連続ドラマW『大江戸グレートジャーニー～ザ・お伊勢参り～』（WOWOW）などがある。

## 1

### 24時間対応の オンラインカウンセラー

オンラインカウンセラーとして、24時間、悩み相談を受け付け。相談者から連絡が入れば、昼夜問わず対応しており、ときには一晩中、相談者の話を聞いて夜を明かすことも。徹夜明けのお供は、コーヒーやドリンク剤。以前は有名病院で勤務医として働いていたが、やらなければならないことに追われ、自分のやりたいことに辿り着けない日々に息苦しさを感じて、32歳のときに退職。

## 2

### 大人の包容力を備えた 穏やかな人柄

駿のはとこで、愛称は〝はるちゃん〟。温厚な性格で包容力があり、親戚中から好かれている。駿とは10歳、歳が離れているものの、兄弟のような距離感での付き合い。2年前、店に失敗してすべてを失くした駿を支えた。一見、不可解な駿の言動から、そこに隠された彼の本音を見抜いているが、あえて踏み込まず、少し離れたところから見守る、駿のよき理解者。真柴と駿の間に流れる空気の変化を察知し、真柴を振り回さないよう駿に忠告する。

## 3

### 恋愛に関しては ストレートで積極的

わりとモテるが面食いな陽人にとって、真柴は久々に刺さった「どストライク」。アプローチすると決めたら、ストレートな言葉でお花見デートに誘うなど、積極的。しかしカウンセラーという立場上、「相談者には、手を出さない。相談者になったら、即恋愛対象から外す」という自分ルールを定めているため、オンラインで相談をしてきた真柴は、残念ながら恋愛対象外に。人を寄せ付けようとしない羽瀬にもうまく声をかけ、さりげない気遣いで誘い出すも、彼女のそっけない〝塩対応〟に、寂しさを感じている。

## 4

### 話し手の本音を自然に 引き出す聞き上手

仕事柄、人の心を落ち着かせ、ときほぐして話を聞くのが上手。カウンセラーとして、本人の意思や考えを尊重する姿勢を貫く。ときにはあえて言葉はなく、相手の背中をトントンと叩いて落ち着かせるなど静かに寄り添う。真柴は、陽人を相手に話すうち、自分の本心に辿り着いた。また、他人に対して頑なな態度を取りがちな羽瀬も、変な気負いや押しつけがましさのない陽人の言葉には素直に耳を傾け、徐々に心を開いていくのだった。

## 5

### 優しさゆえに 人を突き放せない

相談者の舟木から好意を寄せられているように感じ、困惑。彼女には病院勤務時代に助けられた恩があることから、精神的に安定するまで支えてあげたいという気持ちが強く、突き放すことができない。その態度を羽瀬から「中途半端な優しさは、余計な期待を持たせるだけだ」と批判されてしまう。人を〝助けたい〟という想いは思い上がりだったのかもしれないと、自分を責める。

## 6

### 孤高のアーティスト 羽瀬への想い

「一人で大丈夫」と他人に頼ろうとしない羽瀬のことを気にかけ、彼女の負担にならないかたちで支えようとする陽人。羽瀬の妊娠が陰性だとわかったときには、それまでの彼女の悩みや苦しみを代弁するかのように、涙をこぼした。彼女のことを放っておけず、いつの間にか世話を焼くように。また羽瀬に、今描いている絵に必要だと頼まれ、服をすべて脱いでのモデルを引き受ける。二人の間に、少しずつ〝同居人〟以上の何かが芽生え始めていた。

#interview

# 丸山隆平

ryuhei_maruyama

**「キュンとするのも、知恵を得るのもよし。ちょっとでも心が豊かになってもらえたら嬉しい」**

駿のはとこで、オンラインカウンセラーである寺井陽人は、今まで僕がいただいた役の中でいちばん自分に近いですね。シェアハウスの中でバランサー的な役割をしているけど、本人はそんなつもりはなくて、自分にできることを全力で取り組んでいるという感じ。大人の魅力として見せつつも、好きな子をデートに誘ったら邪魔が入るとか、ちょっと残念なヤツです。カウンセラーとしてもまだまだ。でも、そんな未熟さが人間らしいと思っています。多面性のある役で、物語が進むにつれて見え方が変わる。そこが面白いですね。

明るい栗色に髪色を変えたのは、監督からのリクエストです。役作りで髪を染めるのが初めてなので、新鮮でワクワクしました。また、健康的に見えないと役に説得力を持たせられない気がしたので、体を鍛えました。カウンセリング時のイヤホンも陽人らしさにこだわりました。友人のように相談者の深いところまで入り込み、24時間いつでも相談を受けるというのが、陽人の掲げる診療方針。ヘッドフォンやマイクなど、顔周りに何もない方が友達とテレビ電話をしているようで、相手との距離が縮まるのではないかと思って選びました。

シェアハウスは寂しくないことはいいと思うけど、集中したかったり、考え事をしたかったり、一人になりたいときは辛いのかなと感じます。僕が煮詰まっているときは、自分とじっくり向き合って、落ち込むなり、立ち止まるなりしながら切り替えていくタイプだからかもしれません。そんなとき、陽人みたいに声を掛けられたら、うっとうしく感じてしまう（笑）。とはいえ、晩酌に付き合ってもらえるのはいいですよね。駿みたいな人がいたら、おつまみもおいしいのが食べられるだろうし。

印象に残っているシーンは、3話の釣りのシーンですね。天気もよくてめちゃくちゃ気持ちがよかった。ただ僕が大事なセリフを言っているとき、流星くんがリアルに魚を釣っちゃって。何をここで、すごいアドリブをかましてるんだって（笑）。これは偶然ですが、この作品は自由度が高く、アドリブも多かったんです。2話で駿とお酒を飲んだ後のシーンでの「なんでやねん一回につきビール一本や」とか。二人には子供の頃から

仲がいいという裏設定があって、脚本にはない、はとこ同士の空気感を作ってほしいと監督から言われていました。二人の親しい関係性が伝わるようにと考え、とっさに出たのが、このアドリブでした。

陽人はスペイン料理店を畳む前の駿の姿も知っているから、「自分はいい」と他人を遠ざける姿を見ると寂しくなるし、シェアハウスの人たちと関わることで変わったらいいなと見守っている。好きになった真柴ちゃんを諦めたのも、駿との仲を察したからだろうし、この関係がいい摩擦を生んで、駿が心を開くと思ったのではないかと感じています。

羽瀬さんとの関係も気になりますよね。監督の狙いは、陽人の微妙な心の変化を感じさせることだそうです。好きな気持ちが芽生えていることにも気付いてない陽人だけど、恋の始まりを予感させるみたいな。

真柴ちゃんと羽瀬さんには、それぞれのかわいさがありますよね。真柴ちゃんは表情が忙しくてチャーミング。駿の言動に戸惑っているけど悪くないと感じているような目線や、絶妙なさじ加減での「好きかもね」がとてもかわいい。僕らの世代で言うと『赤い実はじけた』みたいな（笑）。羽瀬さんからは目が離せない。強がりな女性は、僕だけが理解してあげたいと思ってしまう。僕はこういうタイプに弱いです（笑）。

この物語は、見どころも感じどころも満載。人と人とが内面で繋がることで生きるって楽しいと思えたりする。キュンキュンするのもよし、ジャガイモの皮で鏡を拭いたらきれいになるとか、生活の知恵を得るのもよし。ちょっとでも心が豊かになってくれたら嬉しいです。何かあったら言うてや。

# #character_guide

## ayaka_hase

# 羽瀬彩夏

## 中村アン

**profile_anne_nakamura**　1987年９月17日生まれ。東京都出身。高校、大学とチアリーディング部に所属し、全国大会にも出場した経験あり。芸能界に入ってからはヘルシーなボディ、ファッションやヘアスタイルなど、さまざまな角度で女性からの支持を集めている。女優としての活躍も目覚ましく、ドラマ『SUITS／スーツ』（フジテレビ系）、『集団左遷‼』『グランメゾン東京』『危険なビーナス』（いずれもTBS系）など話題作で重要な役どころを務め、強い印象を残した。

## 1

### 自分の世界に没頭するアーティストの卵

アーティストの卵。普段は部屋に閉じこもり、黙々と現代アートの絵やオブジェの制作に取り組んでいる。社交性はあまりなく、自室から出てくるのは、水分や糖分補給、ゴミ捨てのときくらいで、同居している真柴たちも、なかなか彼女の姿を見かけることはない。スーパーのデリバリースタッフとして働き、生活費を稼いでいる。香子とは、この仕事で彼女の家を担当して以来の縁。

## 2

### 振る舞いがワイルドなクールビューティー

目鼻立ちの整った美人だが、水は2Lペットボトルから直接飲み、気に入らない出来の作品は金槌を振るって壊そうとするなど、振る舞いはかなりワイルド。普段の服装はモノトーンでメンズライクなものが多い。口数が多くなく、愛想もない。伝えたい用件は付箋に書いてドアに貼っておくなど、人との関わり合いを極力避けているよう。しかし、香子から挨拶をするよう促されると、頭を下げて「おやすみなさい」と言うなど、根は素直。

## 3

### 他に大切な女性がいる男性のことを好きに

真柴と陽人が買い出しの途中で見かけた、羽瀬と親しげに話す男性配達員。真柴たちは、羽瀬の様子から二人は付き合っているのではないかと推察するが、たまに食事をし、そのあと泊まりもするという関係ながら、彼氏ではないと言い切る羽瀬。実は男性には、付き合っている彼女が別にいたのだ。「余計な期待はしない」と言っていたものの、羽瀬に妊娠の可能性が浮上。さらに、彼が結婚することを聞かされ、思わぬ事態に羽瀬の心は揺れる。

## 4

### 作品が認められる日を夢見て、描き続ける

羽瀬にとって大切なのは、作品が認められること。「作品さえ認められれば、他には何もいらない」と言うが、これまで、思うような評価は得られていない。10年応募し続けた若手の登竜門の絵画コンクールで、初めて最終選考まで残るが、結果は落選だった。最後のチャンスだと思っていた羽瀬は、その結果にショックを受け、その苛立ちから、慰めの言葉をかけた真柴に、激しく八つ当たりしてしまうのだった。

## 5

### 好きなアイスクリームはファミリーサイズで

アイスクリームが好き。ファミリーサイズのパックを腕に抱え、大きなスプーンでがっつりほおばるのが基本スタイル。真柴がシェアハウスで初めて羽瀬と会ったのも、羽瀬がアイスクリームを食べにリビングにやってきたタイミングだった。また、陽人が相談者の舟木について、真柴や香子に説明していたところにやってきた羽瀬は、アイスを片手にリビングのソファに座り、その話に耳を傾けていた。

## 6

### 陽人に対する心情が少しずつ変化

「大丈夫」と一人で意地を張りがちだった羽瀬だが、真柴や陽人、駿らと交わる機会が増えるにつれ、自らの不安を打ち明けたり、笑顔を見せるようになったりと、態度が少しずつ変わってきた。とくに苦しい時期、寄り添ってくれた陽人に対しては、信頼以上の想いが出てきたよう。普段の態度は相変わらずの〝塩対応〟だが、彼の言動を気にする様子がうかがえるなど、二人の関係には進展の気配が!?

# 中村アン

anne_nakamura

「共感できる部分や、気付きがあり、演じることが楽しい。私にとってとても愛おしい役」

脚本を読んだとき、羽瀬彩夏にボーイッシュなイメージがあったので、トレードマークだった髪を切りました。塚原監督からもご提案いただき、新しい自分を見せたいと思っていたタイミングでもあったので、迷いはなかったです。髪が長いときは、どちらかと言えば着飾る女性の役が多かったんです。今回のようなキャラクターを演じるのは初めてで、役に共感できる部分や気付きもあり、演じることが楽しかった。私にとって愛おしい役となりました。

羽瀬ちゃんはアーティストの卵で、私と同い年の33歳。やりたいことが形になっていなくて、日々悶々としている女性です。性格は真っ直ぐで、白黒はっきりさせたいタイプ。好きな人に対して「私が好きなのはあなた」と言ってしまうほどストレートで飾り気なし。「メンタル的には鼻にピアスをしているような尖った部分がある女性」だと脚本家の金子さんがおっしゃっていたのですが、まさにそんな感じ！と納得できました。ツンツンしていますが、素直な一面もあってとてもかわいらしいですよね。監督からは「自由に演じてくれていい」「みんなで役を作っていくから大丈夫」との心強い言葉をいただきました。アイスクリームをボックスから直接食べるワイルドな動きといった細かい演出がキャラを立たせてくれて、私を役へと導いてくれています。

羽瀬ちゃんの部屋は香子さんのパントリーだった場所。画材だらけで、空いたスペースに小さなベッドがあるだけ。キャラがよくわかる部屋なので、ここにいるだけで役のスイッチが入ります。このシェアハウスはよすぎですよね。聞いたところ、この家は実在するらしく、モデルとなった家があるそうです。こんな家に住めたらステキですよね（笑）。

作品を通じて感じたシェアハウスのよさは、いい距離感で助け合える人がいること。羽瀬ちゃんがいちばん体感していることですよね（笑）。現場には優しい時間が流れていて、みんなが部屋から出てくると、本当に住んでいるような気分になれます。夏川さんは役どおりのチャーミングな方、丸山くんははるちゃんみたいに優しくて場を和ませるムードメーカー。流星くんの素顔はちょっとシャイな感じ。春奈ちゃんはかわいい。

彼女が真柴ちゃんを演じているから応援したくなるんです。
この作品では20代のキラキラチームの恋愛だけでなく、結婚がちらつく30代のリアルな恋愛も描かれています。羽瀬ちゃんのように芽が出ないアーティストは、認められるまでが大変。陽人みたいな人が現れたら、きっと拠り所にしちゃうんでしょうね。ツンツンしている女性がどんな恋をするのかを監督は描きたかったそうで、私も結末がどうなるのか楽しみです。最初はアルバイト先の清水さんとグレーな恋愛関係で、恋よりも仕事で成功したいと思っていたけれど、香子さんの「一人のままなのか」というような言葉が刺さる年齢になってきている。そんなとき、4話であったような妊娠の可能性という予期せぬ事態に見舞われます。印象に残っているのは、香子さんに「強くなれ」と言われるシーン。誰かに寄りかかりたいとき、生きていくために必要な言葉を人生の先輩からかけられ、自然と涙が出てきました。どう選択するかで人生が動き出したり、変わったりすることを私も経験してきたはずなのですが、決めるのは自分なのだということを、羽瀬ちゃんを通じて痛感しました。
このシーンのこのひとことに、夏川さんがとてもこだわられていて、その姿にもグッときました。ほかにもグサグサ心に刺さる言葉がたくさんあり、登場人物それぞれのドラマにメッセージがちりばめられています。恋模様に〝うちキュン〟するのはもちろん！　真柴ちゃんと駿くんが手を繋ぐシーンに「ないない」と思いつつ、実際自分に起きたら嬉しいと思うよなと想像したり（笑）。恋愛面でも人生面でも、何か心に響くものがあったら嬉しいです。

# #character_guide

## shogo_hayama

# 葉山祥吾

向井理

**profile_osamu_mukai** 1982年2月7日生まれ。神奈川県出身。2006年に『白夜行』（TBS系）でドラマデビューを果たし、以降、多くの映像作品や舞台に出演。主演も多数務め、稀有な存在感を放つ。これまでの出演作に、ドラマ『わたし、定時で帰ります。』、『S−最後の警官−』（TBS系）、連続テレビ小説『ゲゲゲの女房』『とと姉ちゃん』、大河ドラマ『麒麟がくる』（以上、NHK）、映画『ザ・ファブル』、舞台『髑髏城の七人 Season風』『美しく青く』などがある。

# 1

## やり手の若手社長、突然の退任&音信不通

インテリアメーカー『el Arco Iris』の元代表取締役社長。大学卒業後、細貝と共に会社を立ち上げる。実店舗は持たずに通信販売事業で売り上げを伸ばし、急成長を遂げた。自らメディアに積極的に出て世間の注目を集め、会社の運営を軌道に乗せるなど、経営手腕にも優れている。満を持して初の路面店をオープンさせるが、そのセレモニー前日に、いきなり代表取締役を退任。

# 2

## 思い立ったときが好機 常に挑戦を目指す

学生時代、北欧のインテリア雑貨に興味を持ったことから、会社を始めた葉山。社長となってからも自ら世界中に足を運び、自分の目にかなうアイテムを見つけては、買い付けてくる。中国の有名プロダクトデザイナー、メイフェンをイスタンブールで見かけた際は、雨に濡れるのも構わず彼女を追いかけると、いつか自分に商品を売らせてほしいと話しかけるなど行動派。「成功より挑戦を目標にしたい」と語り、やりたいと思ったら即実行に移す。

# 3

## 真柴へ寄せる気持ちは信頼、それとも恋?

面接のとき、エレベーター前で落ちている傘袋を拾っていた真柴に目を留め、会社の戦力になると思ったという葉山。彼女を広報担当にし、自分の服装のコーディネートも任せるなど信頼を寄せる。路面店のオープンを無事に終えたら、桜を見に行こうと真柴を誘うが、約束は果たせず、謝罪のメッセージと共に花束を贈った。社長を退任してトルコに飛び、荷物を送る相手としていちばんに頭に浮かんだのが真柴。彼にとって真柴は〝特別〟なのか……。

# 4

## 国内外で仕事の合間に食べ歩きをする食通

スマートなルックスだが、コートを裏返しに着たり、人助けをした隙に大事なスーツケースを盗まれたりと、ヌケていて天然。世界中でおいしいものを食べ歩き、舌が肥えている。好きなのはスペイン料理で、現地で食べたパスタを使ったパエリア「フィデウア」のおいしさが記憶に残っている。駿が働いていた『アラセリス』もお気に入りのひとつだった。店を出てすぐの港で虹を見て、社名を『el Arco Iris(虹)』にしたのだと語る。

# 5

## 実はバツイチだが再婚願望はあり

学生時代から付き合っていた、親友のような存在の女性と30歳のときに結婚。しかし、自身が仕事で1年のうち半分以上家にいない多忙な生活でお互いの気持ちにズレが生じ、3年ほどで離婚。元妻に家を贈与した。再婚願望があり、今進めている仕事が落ちついたら、家庭を持ちたいと思っている。服装に無頓着なため、元妻から身だしなみに気をつけるよう口うるさく言われていた。

# 6

## 自らの志す道を強い信念で突き進む

数年前、ニュース映像で流れた不法投棄のゴミの山の中に自社商品を見つけた葉山は、物を作って売ることへの責任を自問。『SDGs』の理念に沿ったモノづくりをと動き出すが、社内からは想定以上に反発が生じてしまう。自分の意志を貫くため、代表取締役を退任した。彼は「いいリサイクル商品を、正当な価格で、世界中に売りたい」という想いを胸に、新たな道を模索し、奮闘する。

# 向井理

osamu_mukai

## 「彼がどんな人生を送ってきたか細かな考察と演出で葉山という役を深化させていく」

葉山祥吾は学生時代に交換留学で海外に出たり、会社を立ち上げたりするなど行動力のある人物です。海外ではきっと何かを盗まれたり、騙されたりといった失敗もしているはず。さまざまな経験をしているので精神的に余裕があり、自分を飾ったりすることもなく、物事を俯瞰で見ることができるのかなと思います。また海外の品を買い付けて日本で売るということは、国内外の人といろいろ交渉もしているはず。だから人との距離の詰め方も身についていて、社員たちとの距離も近いのかな、と考えています。いずれも僕自身には経験がないので、葉山の〝経験値〟をどうやったら表現できるか、試行錯誤の日々です。プロデューサーからは「完璧そうに見えて、ちょっとヌケている人であってほしい」という要望があるのですが、そうした〝天然〟な部分を自然に見せるというのは非常に難しい。葉山としてはすべて無意識の言動なので、演じる僕の自意識はなるべく削ぎ落とさないと、あざとく見えてしまう。なかなか厄介です（笑）。

葉山にとって真柴は、とても信頼できる存在。会社のためにあれだけ一生懸命、仕事に取り組む社員は、社長からすればいちばんの財産です。彼女のことは人として好きだと思いますが、女性としてかと言われると、よくわからないところ。ただ6話で家庭を持つという話をした際に、「葉山にとって真柴は、結婚を考える存在ではないのだろうな」と感じました。真柴にネクタイを結んでもらうのも、葉山本人は彼女のことを何も意識していないからこそなのかなと……。彼の真柴への言動の根底にあるのは、人としての信頼度の強さだと考えています。

真柴役を演じる川口さんは、落ち着きがあり堂々としていて、役者として肝が据わっている方。今回、初めてご一緒していますが、とてもやりやすいです。非常に真面目で、仕事にどう取り組むかということに対し、高い意識を持っているなという印象を受けました。また駿役を演じる横浜さんとは、先日初めて一緒にお芝居をして、「とても繊細なお芝居をされる方だな」と感じました。それが、明るいけれど心の内には陰も抱える駿というキャラクターに、うまくハマっているなと思います。き

っと横浜さんご自身も意識して、そういったキャラクターを作っているのでしょう。

撮影現場には、とても温かく優しい空気が流れています。登場人物が信念を持って前向きに生きていこうとしている人たちばかりなので、明るい雰囲気が生まれているのだろうと思います。塚原さん演出の現場は十数年ぶりですが、〝塚原マジック〟は健在！　塚原さんはキャラクターを深く掘り下げて描写することに長けた方で、台本の丁寧な読み込みと的確な演出によって、作品にグッと奥行きが生まれます。事前にすべて自分の頭で作り込んできているのではなく、現場で僕ら俳優陣に意見を求めてくださったり、「とりあえず一回、やってみましょうか」と実際に僕らの動きを見たりしたうえで細かく演出し、見せ方を決めていくのです。その過程で「こういう見せ方があったのか！」と発見することも多く、さすがだなと感心しきり。また照明や音響、美術など各チームの士気も高く、いい刺激を受けています。僕は作品とは総合力だと思っているんです。自分一人でやれることには限りがある。なので、脚本や演出、スタッフの方々、共演者など周りに頼り、力を借りながら、やるべきことに注力しています。

この作品では、〝人との距離〟の在り方が描かれます。こういった時世で多くの方が、人との物理的、精神的な距離を改めて意識するようになったのではないでしょうか。僕自身も演じる中で、「人はひとつの言葉、ひとつの行動で距離を縮めることも、関係を壊すこともできるのだな」としみじみ感じています。このドラマが、人との繋がりを振り返るきっかけになればと願っています。

# #character_guide

## kouko_saotome

# 早乙女香子

## 夏川結衣

**profile_yui_natsukawa**　熊本県出身。女優としてさまざまなジャンルの映画、テレビドラマに出演し、多彩な役どころで作品世界を支える。これまでの出演作に、映画『孤高のメス』（2010年）『家族はつらいよ』シリーズ、『ホテルローヤル』（2020年）、ドラマ『中学聖日記』（TBS系）、ドラマWスペシャル『あんのリリック－桜木杏、俳句はじめてみました－』（WOWOWプライム）、ドラマスペシャル『逃亡者』（テレビ朝日系）などがある。

## 1

### 人生を盛り返したい
### フードスタイリスト

人気フードスタイリストとして、第一線で活躍中。離婚した夫から勝ち取った表参道エリアの閑静な住宅街にある高級マンションで、ボーダーコリーのこうじと共に暮らしている。離婚を機に、ロータス島へ１年の語学留学を決意。「留守の間、赤の他人に貸すより、知ってる子を集めて住んで貰った方が」と、以前から付き合いのあった真柴、駿、陽人、羽瀬の四人にルームシェアを持ちかける。

## 2

### 個性豊かな四人を
### 温かな眼差しで見守る

親しみやすい、明るくおおらかな性格。真柴や駿たち四人それぞれの個性を受け止め、その生き方を優しく見守っている。真柴の７年にわたる葉山への片思いや、駿の挫折なども知っており、日々、さまざまな問題に悩み迷いながら生きる四人に、年長者としてさりげなくアドバイスすることも。真柴や駿が落ち込んだときには、『食べる門には福来る』という言葉で励ました。この共同生活をすることで、自分の家がみんなの家になれば……、と願っている。

## 3

### 普段の食事を
### おいしくするひと工夫

出版したレシピ本『早乙女家の彩りごはん』が大ヒットし、一躍、人気フードスタイリストの仲間入りを果たした香子。みそ汁の出汁をアカシダイでとるなど手を抜かない。焼き餃子の肉だねは、主菜には白菜餡、お酒のおつまみには軽めのキャベツ餡、包むのに失敗した餃子はワンタンスープにリメイクするなど、ちょっとしたアイデアと工夫で日常の食事をおいしくするのが、香子流の料理だ。

## 4

### 50歳になった今は
### 健康がいちばん大切！

今はメディアに引っ張りだこの香子にも、苦しい時代があった。20代は管理栄養士の職には就いていたものの、普通に会社勤めだったため業務に追われ、ハードな日々を過ごしていた。30代になり、仕事のペースはなんとなく掴めてきたものの、結婚や出産など新たな悩みが浮上。誰と生きるか、一人のままなのか思い惑う。そして40代を過ぎると、仕事の先行きや家計、親の問題など、悩みはさらに複雑なモノに。今は、健康でおいしくお酒が飲めればよいという境地に至った。

## 5

### 留学詐欺に遭ったうえ
### 元夫が再び姿を見せる

元夫の礼史と離婚し、心機一転。ロータス島へ留学する日を心待ちにしていた。ところが出発直前になって、手続きのすべてを任せていた現地のエージェントが倒産していたことが発覚。178万円を盗られる詐欺に遭ってしまう。事情を知って心配した礼史が家にやってくるが、香子は礼史が優しいときは、何か裏があるときだとまったく心を許さず、彼を徹底的に撥ねつけるのだった。

## 6

### 似合いの夫婦だったが
### 結婚生活は破綻

礼史との出会いは、香子が失恋したてで悩んでいたタイミングだった。出会った場所やマンションの管理人の名前、こうじを引き取った際のゴタゴタの内情まできちんと覚えているしっかり者の礼史と、思い込みがやや激しくもおおらかな香子は、似合いの夫婦のはずだった。だが10年にわたる結婚生活の終盤、礼史はまともに話もせず自分の部屋に閉じこもり、香子を無視するように。

# 夏川結衣

yui_natsukawa

## 「香子さんは四人との距離を大切にしながら共に暮らす大人の女性」

香子さんはキャリアウーマン。人が好きで、話し好き。面倒見がよく、ちょっとドジなところもあるという人間味溢れる女性です。彼女が自室を貸す（ルームシェア）にあたり選んだのが、あの四人。その人選がとても香子さんらしいなと思います。彼女はきっと、何かに一生懸命向き合っている人を応援したいのでしょう。私自身は自分から若い人へ声をかけることにちょっと遠慮してしまったり、人と関わるとき、ある程度は距離を取ったりと、香子さんに比べると、もう少しドライかもしれません。四人と積極的に交わっている香子さんを見て、「私もこういう大人にならなければいけなかったな」と反省しています（笑）。

香子さんを演じるにあたり、演出の塚原さんから「四人との距離感を意識して演じてほしい」と言われました。真柴とは友達で、駿君や羽瀬ちゃん、はるちゃんとの距離も四者四様で少しずつ違う。みんなと同居してはいるけれど、きちんと距離を保ち、大人の女性としてみんなの成長を見守っています。いざというとき、「一回、冷静になろう」と俯瞰の視点をくれる、それが香子さんという存在の意味なのかなと考えています。

真柴くるみ役を演じる川口さんは、本当にチャーミング！　難しい役どころだと思いますが、川口さんが演じることで、くるみのひたむきさや愛くるしさがリアルに伝わってきます。ご自身の人間くささが、真柴くるみというキャラクターに体温を与えている、そんな印象を受けます。一生懸命なくるみを見ていると、「頑張れ！」と応援したくなるし、一緒のシーンでは、かわいくてつい、くっつきたくなってしまいます（笑）。そんなお芝居が自然と出てしまうのは、相手が川口さんだから。俳優としても一人の女性としても、大好きになりました！

駿君を演じている横浜さんは、この作品で、とても高い壁に挑まれているのだろうなと感じています。膨大な量のセリフを、慣れない料理をしながら口にするというのは、本当に大変なはず。でも彼は俳優としての責任や生みの苦しみに、挫けることなくしっかりと向き合い、その壁を着実に越えてきていると思います。駿君の少し不器用なところや、人とコミュニケーションをとっているようで一

線を引いている陰の部分を見事に体現していて、駿君と同化しているよう。俳優仲間として、共演者として、そしていち視聴者として、応援したくなる方です。

キャストだけでなく、スタッフの皆さんも、それぞれのセクションでベストを尽くしてくださっているのを随所で感じ、「私もちゃんとやらなきゃ！」と背筋が伸びます。美術部の方が作ってくださったステキなセットの中でお芝居ができて幸せですし、香子さんの料理は美しく、また味は優しくおいしくて、〝シンプルな食材で、体に優しいものを提供する香子さん〟というキャラクターを支えてもらっています。そして現場のみんなのアイドル、こうじは、とっても愛くるしい子で人懐っこく、キャストもスタッフも撫でては癒やされています。最近になってみんな気が付いたのですが、こうじは駿君をじーっと目で追っているんですよ（笑）。私たちにはただただ甘えてくるのですが、駿君にはちょっとツンデレして、〝女子〟を見せるんです。

食を大切にしている香子さんですが、私自身も食べるのは大好きで、日頃から、旬の食材をいただくようにしています。今だとトマトやさっと茹でたスナップエンドウに、オリーブオイルとチーズをかけて食べるのが好き。もう少ししたら、とうもろこしを食べるのが楽しみです。私の食事には、気のおけない友人の存在も欠かせません！　旬のおいしいものを友達と話しながらいただくと、ちゃんとエネルギーになっていく気がします。ドラマでも食事シーンが度々登場しますが、見てくださっている方が、自分自身も一緒にその場にいるような感覚で楽しんでいただければ、嬉しいですね。

## nanami_kayano

# 茅野七海

山下美月（乃木坂46）

**profile_mizuki_yamashita** 1999年7月26日生まれ。東京都出身。2016年、乃木坂46の3期生としてデビュー。女性ファッション誌『CanCam』の専属モデルを務めるなどソロでも活躍。ドラマ『電影少女-VIDEO GIRL MAI 2019-』（テレビ東京系）、『映像研には手を出すな！』（MBS／TBS）などに出演。

**#character_guide**

『el Arco Iris』広報課社員で、真柴の後輩。一人でSNSを仕切る真柴を尊敬している。仕事の判断には自信が持てず、つい真柴を頼りがち。真柴とは時々恋バナもする仲で、葉山への想いに気づいてそっと応援したり、真柴がインスタにアップした写真から駿の存在に気づいたりとカンが鋭い。後輩の秋葉のことは、あまりアテにできないと身構えている。付き合っている彼氏がいるものの、秋葉から告白され、気持ちが揺れているよう。

## kotaro_matsushita

# 松下宏太郎

飯尾和樹（ずん）

**profile_kazuki_iio** 1968年12月22日生まれ。東京都出身。2000年に相方やすとコンビ結成。独特の語り口とシュールなギャグが人気。ドラマ『アンナチュラル』（TBS系）、『獣になれない私たち』（日本テレビ系）に出演するなど、俳優としても活躍をみせる。

**#character_guide**

『el Arco Iris』広報課の課長。お祭り好きで、イベントとなれば新人の秋葉を相手に脳内シミュレーションを欠かさないなど、陽気な性格。人柄はいいものの、ややそそっかしく天然な面も。仕事面では、インフルエンサーとして活躍する真柴を何かと頼りにしている。部下は基本的に叱らず、優しく見守りながら育てるタイプ。前社長の葉山を慕っており、彼が突然姿を消した際にはひどく心配していた。恐妻家で子煩悩。お小遣いが少なく、ちょっとケチ。

reiji_kobayashi

# 小林礼史

生瀬勝久

**profile_katsuhisa_namase** 1960年10月13日生まれ。兵庫県出身。1983年、関西の人気劇団に入団し、俳優、演出家として活躍。2001年に退団、ドラマや映画、CMなどで幅広く活躍。最近の主な出演作に『MIU404』(TBS系)、『知ってるワイフ』(フジテレビ系)などがある。

**#character_guide**

香子の元夫。ゴッホ美術館で横入りされた香子を助けたことが縁で親しくなり、10年前に結婚。価値観は真逆だが、夫婦生活はうまくいっていたはずだった。だがあるときから自分の殻に閉じこもり、香子とも携帯でやりとり。すれ違いが重なった二人は離婚。礼史は家を出てしまった。留学詐欺に遭った香子のことを心配し、マンションを訪れ、かつて自分のとった行動を反省していると許しを請う。細かいことにも気が付く、しっかり者で穏やかな性格。

ryo_akiba

# 秋葉亮

高橋文哉

**profile_fumiya_takahashi** 2001年3月12日生まれ。埼玉県出身。2019年に放送された『仮面ライダーゼロワン』(テレビ朝日系)で主演を務め、その後、ドラマ『夢中さ、きみに。』(MBS)、『先生を消す方程式。』(テレビ朝日系)などに出演。

**#character_guide**

『el Arco Iris』広報課の新人社員で、真柴や茅野の後輩。松下からは〝令和の新人〟と呼ばれている。いつもニコニコしていて屈託がなく、女子社員からはかわいがられているものの、仕事ではうっかりミスが多く、いまいち頼りない印象。遠慮のない発言やピントがズレた行動で、茅野を苛立たせることもたびたび。仕事でコンビを組んだ茅野に想いを寄せているようだが、〝それっぽい〟告白は本気に受け取られず、微妙な距離が続いている。

# #mashiba_style

## 真柴の“着飾り”テクニック

**着飾りフォトいっぱい!!**
**真柴のインスタグラム**

真柴が日常をアップするアカウント。オン＆オフのファッションやネイル、オフの思い出ショットなども。

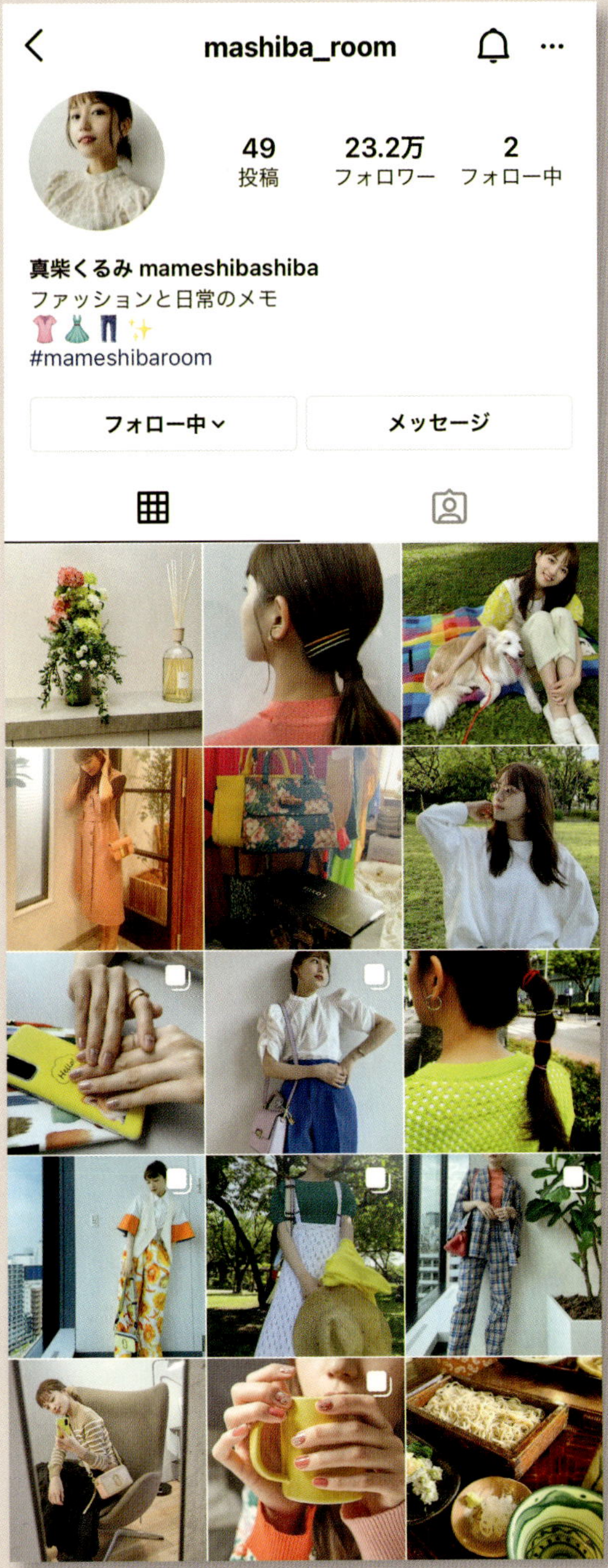


# #shoes

### 靴は常に高めのヒール

「オシャレは足元から」という言葉もあるように、スタイリングのカギとなる靴。真柴は、脚のラインをキレイに見せるヒールパンプスを愛用。ヌードベージュなどシンプルなカラーから華やかな柄物まで、多彩なバリエーションを楽しんでいる。以前は出勤時からパンプスを履いていたものの、あるときからスニーカーなど動きやすい靴で出勤し、オフィスで履き替えている様子。

日々の着こなしをインスタグラムにアップし、インフルエンサーとして多くの若者から注目＆支持されているステキ女子・真柴くるみ。洋服はもちろん、靴やバッグなどの小物使い、ヘアスタイル、ネイルなど細かなところまで、彼女らしいこだわりがいっぱい。センスが詰まったスタイルを、さまざまな角度からチェック。周りと差をつける〝着飾り〟テクを学んじゃお♡

# #nail

## 気分が上がる ネイルアート

ネイルはポリッシュ派の真柴。ファッションに合わせて、こまめに塗り替えている。オレンジやパープルなど、パッと目を引く明るい色を取り入れ、ストーンやシェルでアクセントを加えるほか、トレンドのくすみカラーと合わせるといったアレンジも、オシャレ上級者ならでは。キャンプに行った際は、シンプルなラメ入りネイルで、キラキラ感は出しつつもオフモード。

# #hair

## ファッションに合わせた ヘアスタイル

真柴は、ゆるくウェーブのかかったセミロングヘア。さまざまなアレンジを楽しむことができ、バランスもとりやすい。仕事の際は髪が邪魔にならないよう、ひとつにまとめるのが基本。髪の毛の束ね方や結び方を工夫したり、リボンやゴムなどのヘアアクセも活用したりして、抜け感の出るアレンジを意識。一方、シェアハウス内ではダウンスタイルでいることが多い。

# #mashiba_style

## トレンドを取り入れた
## ファッションコーディネート

真柴流ファッションのポイントといえば、巧みな色づかい。アウターやトップス、ボトムスの形でトレンドを押さえつつ、強めのカラーを差し色に投入。ビビッドな色同士で組み合わせたり、柄に柄を合わせたりと色や柄を大胆に取り入れ、ほかはシンプルに抑えて絶妙なバランスを取った着こなしは、都内随一のオシャレエリア・表参道でも目をひくこと間違いなし。

春に欠かせない
薄手のコートは
色で遊ぶ♪

Coordinate

heel
pumps

↑異なる色のパーツをドッキングした春コートは、主役級のアイテム。パステルカラーのストラップ付きパンプスやショルダーバッグをコートの色とリンクさせ、うまくコーディネイト。

ビスチェで
さりげなく
こなれ感を出す

↑柔らかな風合いのノーカラージャケットと、細かなプリーツの入ったワイドパンツを合わせたコーデ。中にはビスチェを足し、メリハリをプラス。ピンク×ブルーというパステルカラーの配色が、春らしさを演出。

元気になる色、
オレンジを
メインカラーに

←ビタミンカラー、オレンジのワイドパンツを軸に、同系色ボーダーのボリュームトップスを合わせた、春夏らしさ溢れるスタイリング。白のカットソーをプラスして、軽やかな印象に。

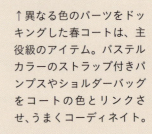

→キチンとした雰囲気にまとまるセットアップは、働く女子の心強い味方。インナーを変えることで、ガラリと印象を変えられる。インナーのサマーニットにコーラルピンクをチョイスするのが、いかにも真柴らしい着こなし。

セットアップも
柄物を選ぶのが
真柴テイスト

インパクト大の
大胆な花柄は
色合わせがキモ

shoulder bag

# fashion

↑大きな花柄プリントのパンツも、トップスをパンツと同じ白とオレンジの2色でまとめることで、爽やかなスタイルが完成。襟付きシャツにベストを加え、ハンサムガールに。

視聴者からも
問い合わせ多数の
人気コーデ

↑真柴が早乙女家に引っ越した記念すべき日のファッション。トップスはVニット、ボトムスはひざ下丈のプリーツスカートとシンプルながら、ピンク＆赤と色で遊ぶ華やかコーデは、新たな暮らしに向けて浮き立つ、真柴の心を表しているかのよう。

クラシカルな
長袖ワンピで
お出かけ♥

short boots

←キャンプには1枚でキマるワンピースをセレクト。クラシカルな雰囲気のワンピは、ウエストのリボンでさりげなくスタイルUP。

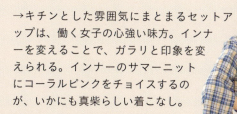

# Coordinate

←軽くギャザーを寄せたウエストやくるぶしの見える丈感など、コンパクトでレディライクなシルエットのオールインワン。さっと羽織れるコーデュロイ素材のアウターを合わせて。

パープル×深いグリーンの合わせが個性的

→メッシュや光沢感のある生地を合わせたスカートが主役。プリーツを挟んだデザインで、立体感や動きをプラス。ブラウスやパンプスも同系色でまとめた。

初夏を感じさせる爽やかカラーでテンションUP

リラックスしたスタイルにもほどよいきちんと感を

↑オフはリラックスしたスタイルで過ごすようになった真柴。サロペットは、カジュアルすぎないデザイン選びが重要。ジャケットとショルダーバッグで、軽く引き締めて。

男女どちらにも受けがいいジャケットスタイル

←オーバーサイズのジャカード生地ジャケットと、レース使いが繊細な白ブラウスに、えんじ色のスカートとパンプスが映える。ジャケットは袖をまくって、抜け感を。

色や素材で季節感を加えるテクニック

vivid color

←真柴には珍しい、黒トップス。シフォン素材＋立体的なデザインで、黒でも重くなりすぎない。グリーンのスカートは、黒の細いベルトでウエストマーク。

## mesh one-piece

バッグや
インナーで
効かせる色は
狙いを定めて

↙袖にボリュームをもたせたカシュクールブラウスに、サマーツイード風パンツ。オレンジの七分袖ニットやイエローのバッグでフレッシュに。

→ライムイエローとフューシャピンクという、ハデ色を組み合わせた上級コーデ。フリンジが付いたメッシュニットワンピースは着丈が長く、パンツと好相性。

遊び心溢れる
スタイリングも
堂々と楽しむ

←白を基調に、エレガントなトーンでまとめたスタイリング。体のラインにほどよく沿ったカットソーやペンシルスカートで、女性らしさが引き立つ。

# fashion

**check on check**

白のグラデで
ワンランク上の
“デキる女子”

**puff sleeve**

春夏に一度は
チャレンジしたい
白系コーデ

←すっきりクリーンな印象の白系コーデは、イエローのふっくらレーススリーブがポイント。パンツに入ったスリットは、足を長く見せる効果が。ホワイトのローファーでラクちんスタイル。

定番こそ
アイテム選びに
こだわりたい

→着飾らない〝ビフォー真柴〟は、ゆったりめシルエットがかわいい白ロンTを、ブルーデニムにイン。足元は白のスニーカー。シンプルなアイテムにこそ、着る人のセンスが表れる。

# #recipe

## みんなを笑顔にする駿の料理

ドラマでは駿が腕を振るって作るスペイン料理をはじめ、食欲をそそる魅力的な料理がいくつも登場。視聴者を楽しませてくれています。今回、『Fuji Bal』の看板メニューであるカレーをはじめ、お花見の際に出したパエリア、駿が葉山のために作ったフィデウアなどの激レアレシピを、特別に大公開！　自宅で、あの料理が味わえちゃいます。

涙する真柴を癒やした“見た目より味”の具なしカレー

# FUJIBALのカレー –アロス・カルドソ–

## ＜バターライス＞

【材料／2人分】
米……1カップ
玉ねぎ……1/4個
チキンスープ……200㎖
※市販のチキンスープの素を使用
バター……15g
ローリエ……1/2枚
塩……少々
コショウ……少々

［作り方］
❶米は洗って、ざるにあげておく。玉ねぎはみじん切りにする。
❷鍋（オーブン対応）にバターを入れて弱火にかける。バターが溶けてきたら、玉ねぎを入れて軽く炒める。
❸米を加えて混ぜ、バターや玉ねぎとよくからめる。
❹チキンスープを加え、塩コショウする。
❺ローリエを入れ、沸騰したらクッキングペーパーで落し蓋をし、さらに鍋蓋をして火を止める。
❻蓋をしたまま鍋ごと、200度のオーブンで15分炊く。

## ＜カレー＞

【材料／1人分】
カレー粉……小さじ2/3
クミンパウダー……小さじ2/3
バターライス……50g
魚介スープ……100㎖
※P76に作り方あり
オリーブオイル……少々
ルイユ（唐辛子とニンニクを使ったソース）……5g
塩……少々

バターライスが完成したら！
❼鍋にオリーブオイルを熱し、そこにクミンパウダー、カレー粉、ルイユを入れ、弱火で加熱する。
❽一度火から離し、魚介スープとバターライスを加えて弱火にかけ、軽く混ぜる。
❾沸騰したら、塩で味をととのえる。
❿スープがバターライスと絡まったら器に移して出来上がり。

お花見の席に鍋ごと持ち込んだ
スペインを代表する料理

# シーフードパエリア

【材料／4人分】
海老……4尾
イカ……60g
ムール貝……5個
インゲン……5本
米……2カップ
チキンスープ……500㎖
※市販のチキンスープの素を使用
オリーブオイル……適量
ニンニク……1と1/2片
白ワイン……大さじ1と1/3
サフラン……少々
レモン……1個
塩……少々
コショウ……少々

［作り方］
❶ 海老は殻をむいて背わたを取る。イカは5㎜幅の輪切り（脚はひと口サイズ）にする。インゲンは3㎝幅に切る。
❷ フライパンにオリーブオイルを入れて熱し、みじん切りしたニンニクを炒める。ニンニクの香りが出たら、海老とイカを入れて軽く炒める。
❸ 白ワインを振り入れ、塩とコショウで味をととのえたら、火を止めて一旦皿に移す。
❹ パエリア鍋にオリーブオイルを入れて熱し、米とサフランを加えて軽く炒めたら、チキンスープを加える。
❺ ③を入れ、さらにムール貝とインゲンを加え、蓋をして約15分炊く。
❻ 蓋を取り、強火で水分を飛ばしてから、火を止める。
❼ くし切りにしたレモンをのせる。

スペイン料理好きの葉山のために
駿が作ったパスタのパエリア

# フィデウア

**【材料／4人分】**
海老……6尾
イカ……50g
アサリ……100g
極細パスタ……300g
ドライトマト……12個
オリーブオイル……大さじ2
ガーリックオイル……大さじ2
魚介スープ……800ml
※P76に作り方あり
サフラン……少々
パプリカパウダー……2g
イタリアンパセリ……少々
塩……少々
コショウ……少々

**［作り方］**
❶ 海老は殻をむいて背わたを取り、ひと口サイズに切る。イカは1cm幅の輪切り(脚は1cm幅)に。砂抜きしたアサリはさっと水洗いしておく。極細パスタは約3cm幅に切る。
❷ フライパンにオリーブオイルを入れて熱し、海老とイカ、アサリを炒める。塩とコショウで味をととのえたら、火を止めて一旦皿に移す。
❸ パエリア鍋にガーリックオイルを入れて熱し、極細パスタ、サフラン、パプリカパウダーを入れて軽く混ぜ合わせたら、魚介スープを入れて、約7分煮詰める。
❹ 火を止め、②をのせ、ドライトマトを並べる。
❺ 最後にイタリアンパセリを散らす。

イサキ釣りで人気の真柴の地元
初島の実家で駿が腕を振るった一品

## イサキチャーハン

| | |
|---|---|
| 【材料／2人分】 | ニンニク……1と1/2片 |
| イサキ……2尾 | ショウガ……8g |
| 長ネギ……40g | 大葉……3g |
| 卵……2個 | 酒……少々 |
| ごはん……400g | 醤油……少々 |
| グラニュー糖……少々 | 塩……適量 |
| サラダ油……大さじ4 | コショウ……少々 |

［作り方］

❶ イサキは3枚におろし、骨を抜く。バットなどに並べて塩とグラニュー糖を振り、30分ほどなじませる。
❷ イサキの身から出た水気をキッチンペーパーなどでふき取る。
❸ フライパンにサラダ油大さじ2を入れて熱し、イサキを皮目を下にして焼く。焼き目がついたら、ひっくり返して反対側も。
❹ 焼いたイサキを、幅3cmのざく切りにする。
❺ 卵を溶く。フライパンにサラダ油大さじ1を入れて熱し、卵を流し入れ、混ぜながら炒める。半熟になったところで火を止め、皿に取り出す。
❻ フライパンにサラダ油大さじ1を入れて熱し、みじん切りにしたニンニクを炒める。ニンニクの香りが出たら、みじん切りにしたショウガを入れて炒め、次にみじん切りにした長ネギを加えて炒める。
❼ ごはんと⑤の卵を入れてさらに炒め、そこにイサキを加えて合わせる。
❽ 酒、醤油、塩で味をととのえて、火を止める。
❾ 器に盛りつけて、コショウを振りかけ、ざく切りにした大葉を飾る。

キャンプ場で4人が温まった
ニンニクたっぷりのスープ

## アホスープ

| | |
|---|---|
| 【材料／4人分】 | オリーブオイル |
| ニンニク……2片 | ……大さじ3 |
| 生ハム……30g | パプリカパウダー |
| バゲット……1/4本 | ……少々 |
| 卵……1個 | パセリ……少々 |
| チキンスープ……500mℓ | 塩……少々 |
| ※市販のチキンスープの素を使用 | |

［作り方］

❶ ニンニクは粗めのみじん切り、生ハムとバゲットは1cm角に切る。
❷ 鍋にオリーブオイルを入れ、ニンニク、生ハム、バゲットの順に加えて炒める。
❸ パプリカパウダーを加え、香りが出てきたらチキンスープを入れる。
❹ 塩を振り、約15分煮込んだら、溶き卵を入れて、最後に刻んだパセリを振りかける。

シェリー酒には生ハムとコレ！
手間いらずの簡単つまみ

# イワシのマリネ

【材料／1人分】
イワシ……2尾
オリーブオイル……適量
シブレット……少々
塩……少々
コショウ……少々

[作り方]

❶ イワシを3枚におろし、食べやすい大きさに切る。
❷ 容器にオリーブオイル、塩、コショウを合わせ、①のイワシと和えてマリネする（漬け込む）。
❸ 皿に盛り付け、刻んだシブレットを散らして完成。

駿が真柴の大好物で作った思わず「うまっ！」の一皿

# さきいかとセロリの和え物

【材料／2人分】
さきいか……1パック
セロリ……1本
オリーブオイル……大さじ3
ニンニク……1片
赤唐辛子……1本
酢……大さじ1
塩……少々
コショウ……少々

[作り方]

❶ セロリは硬い筋を取り、1cm幅に切る。
❷ フライパンにオリーブオイルを入れて熱し、みじん切りにしたニンニクを炒める。ニンニクの香りが出たら、半分に切った赤唐辛子を入れて炒め、さらにセロリを加えて炒める。
❸ セロリに火が通ったら、酢、塩、コショウで味をととのえる。
❹ 食べやすい大きさに切ったさきいかと和えて、火を止める。

※お好みでパセリを散らしてもOK。

真柴と駿が公園で食べた甘くてしょっぱいサンドイッチ

# エルビスサンド

【材料／1人分】
食パン……2枚
バナナ……2本
ベーコン……2枚
ピーナッツバター
……適量
グラニュー糖……20g
バター……30g

［作り方］
❶ バナナを横（縦長）に半分に切る。
❷ フライパンでベーコンを炒め、両面が焼けたら皿などに取り出す。
❸ フライパンにグラニュー糖を入れて火にかける。グラニュー糖が焦げる前に、バター15gを入れ、①のバナナをソテーする。
❹ 食パン2枚の片面にピーナッツバターを塗る。
❺ 1枚の食パンに、適当なサイズに切ったベーコン、バナナの順に重ね、もう1枚の食パンで挟む。
❻ もう一度フライパンにバター15gを入れて熱し、バターが溶けたら④を入れる。両面に焼き色がついたら完成。

## さまざまな料理で活躍する魚介スープの作り方！

［作り方］
❶ ニンニクは芽を取り除き厚めにスライス、玉ねぎもスライス、ポワロは輪切り、トマトは種を取り出しざく切りにしておく。
❷ 鍋にオリーブオイルを多めにひき、ニンニクを香りが出るまで炒める。
❸ そこに、ポワロ、玉ねぎを加え、さらに炒める。
❹ 最後にトマトを入れ、軽く炒めて火を止める。
❺ フライパンにオリーブオイルをひいて、エビの頭と魚のあらを炒める。
❻ ある程度火が通ったら、白ワインをまわし入れる。
❼ 軽くアルコールを飛ばしたら④の鍋に移し入れ、チキンスープを注ぎ、砂抜きをしたアサリを入れて20分程度煮込む。
❽ アサリが開いたら殻を取り出し、そこから20分煮込む。
❾ 漉し器（ざる等）を使い、具ごとすりつぶしながら濾す。

【材料】
ニンニク……1片
玉ねぎ……1/2個
ポワロ……1/4本
トマト……1個
魚のあら（アマダイやタラなどの白身の魚）……1尾分
有頭エビの頭……3尾分
アサリ……7〜8個
白ワイン……適量
チキンスープ……800㎖
※市販のチキンスープの素を使用
オリーブオイル……適量

## 番外編　編集部で作ってみた！ 陽人の朝トースト #toast

### サバマヨトースト

| | |
|---|---|
| [材料／1枚分] | レモン汁……少々 |
| 食パン……1枚 | マヨネーズ……適量(お好みで) |
| 鯖の水煮缶……1/3缶(50g程度) | 塩……少々 |
| 万能ネギ……少々 | ブラックペッパー……少々 |

[作り方] ❶鯖は水気を切ってボウルに入れ、フォークなどを使ってフレーク状にほぐす。❷マヨネーズ、小口切りにした万能ネギ、レモン汁、塩、ブラックペッパーを入れて和える。❸食パンに②をのせ、トーストでこんがり焼く。❹ブラックペッパーを振りかけて完成。

### アップルパイ風トースト

| | |
|---|---|
| 【材料／1枚分】 | バター……適量 |
| 食パン……1枚 | シナモンシュガー……少々 |
| リンゴ……1/4個(100g程度) | レモン汁……少々 |
| グラニュー糖……小さじ1 | |

[作り方] ❶リンゴの芯を取り、3ミリ幅に薄切りする。❷耐熱容器に①とグラニュー糖、レモン汁を入れ電子レンジで2～3分加熱。❸耐熱容器を取り出したら、バターを入れて絡める。❹食パンにバターを塗り、③のリンゴを並べ、シナモンシュガーをかけてトースターで5分程度焼く。

### しらすチーズトースト

| | |
|---|---|
| 【材料／1枚分】 | マヨネーズ……適量 |
| 食パン……1枚 | |
| 釜揚げしらす……25～30g | |
| スライスチーズ……1枚 | |

[作り方] ❶食パンにチーズを乗せ、マヨネーズをかけたら、トースターで焼き色が付くまで焼く。❷最後にしらすを乗せて出来上がり。

# #share_house

## 五人が暮らすシェアハウスのすべて

【香子のマンション】

＜１階フロアー＞

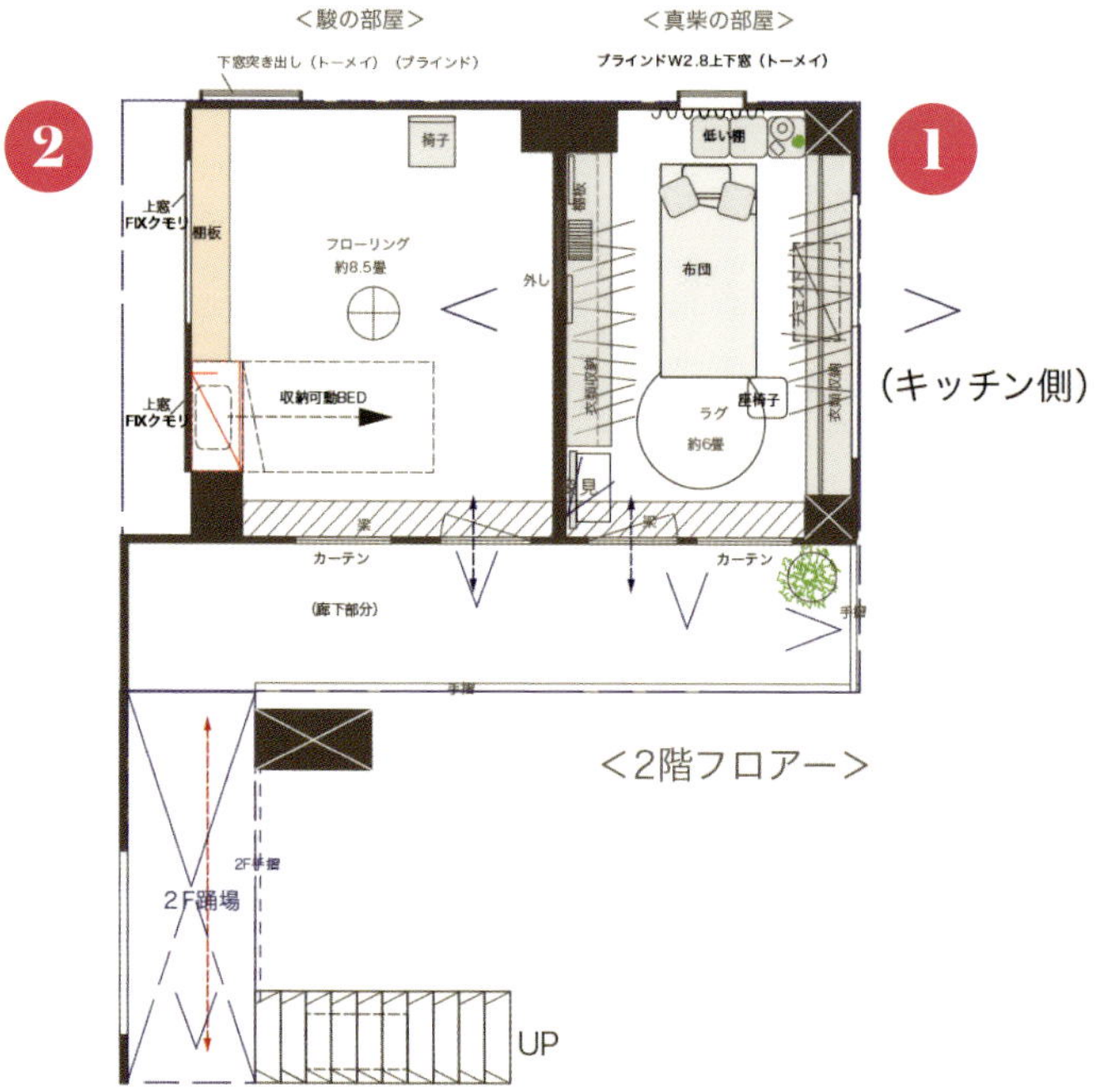

ドラマの舞台となっている、香子のあのステキなマンション。どんなつくりになっているのか、気になっている人も多いはず。実はシェアハウスの内部は、すべてセットなのです！　各スタッフが総力を挙げて作り込んだセットは、細かな部分までリアル。設計図をベースに、どこにどの部屋があるのか、各部屋の注目ポイントも含め、特別に明かしちゃいます。

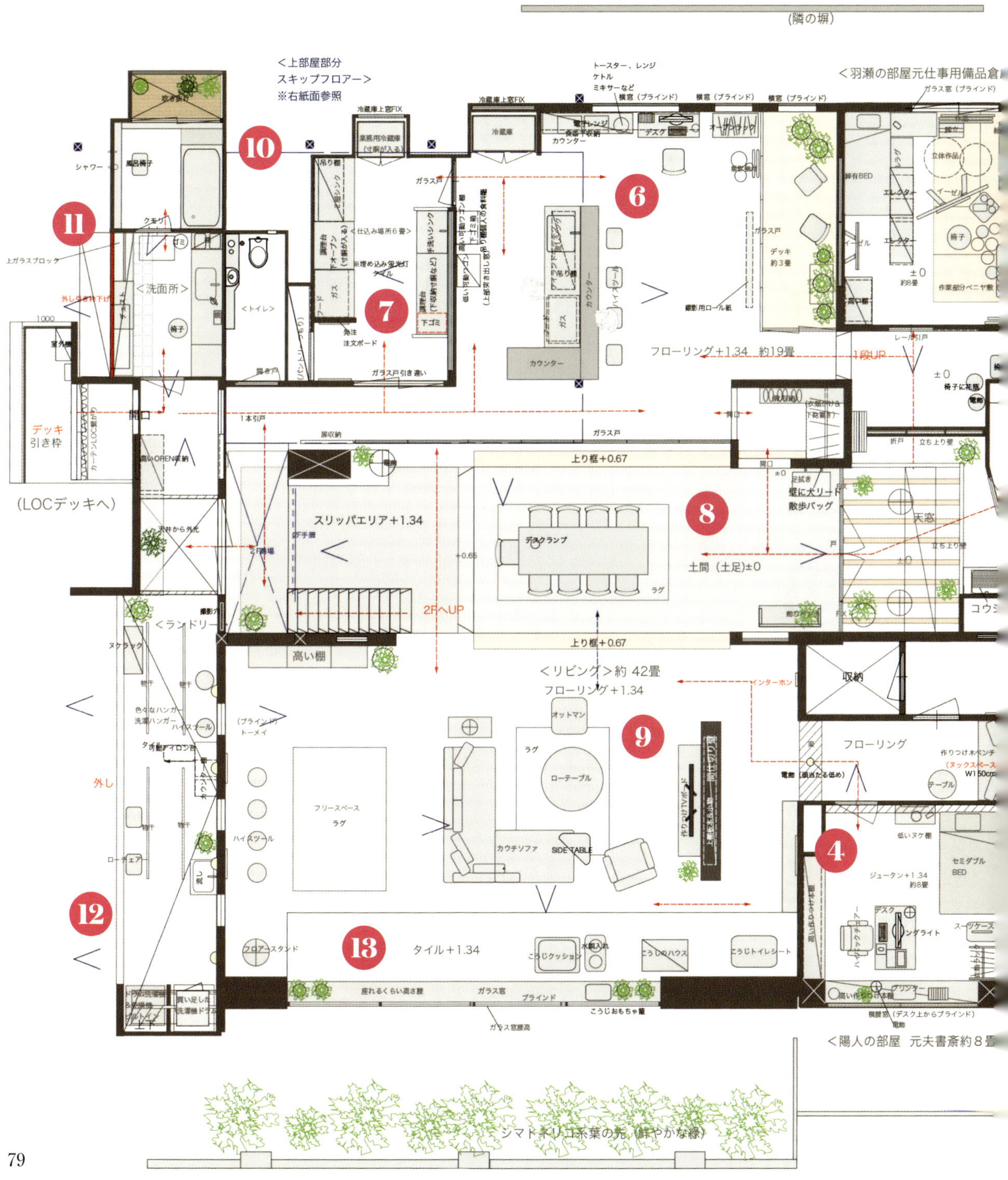

## 1 真柴の部屋

もともとはクローゼットだった部屋。真柴は香子が留学後、1階にある香子の部屋に移る予定だったが、香子の留学がなくなったため、この部屋に定着。両サイドに洋服の収納スペースがあり、上には棚が据え付けられていて、靴や靴箱が置けるなど、持ち物の多い真柴にはうってつけ。窓の下に見せる収納を設けたり、メイクスペースを作ったりと、狭い場所をうまく使って落ち着く空間に。

## 2 駿の部屋

階段を上がってすぐ、真柴の部屋の左隣に位置。真柴の部屋より、やや広めの間取り。ベッドは壁面収納タイプで、使わないときは掛布団や枕まで一緒に格納できるので、ベッドを片付けた状態なら、よりスッキリした印象に。置かれているインテリアといえば、形の異なるチェア2つと、洋服などを置く低い棚だけと、いかにもミニマリストらしい部屋。部屋の上部と下部に、明かり取りの窓がある。

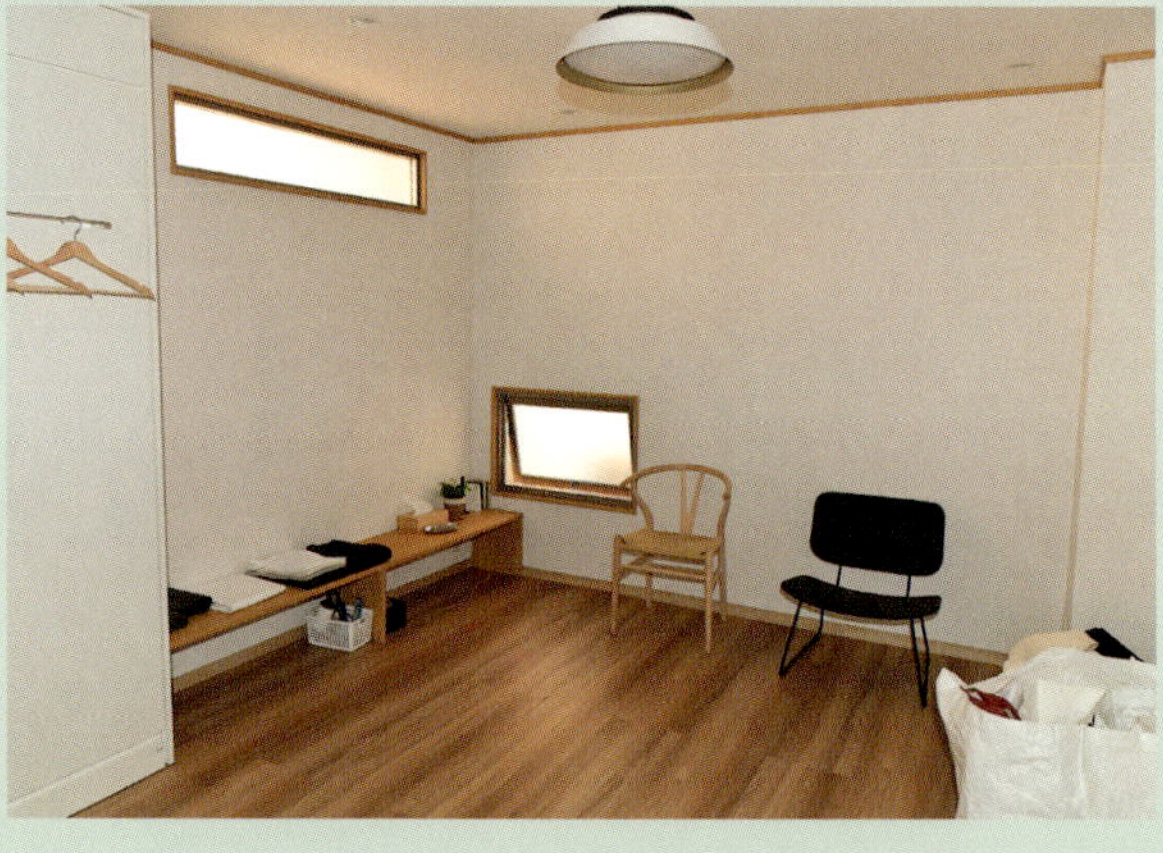

## 3 香子の部屋

リビングからさらに奥まった場所に位置。窓は２つあり、壁面には木製の衣装棚や大きめの観葉植物などが置かれ、全体的にナチュラルで落ち着いた雰囲気。電気スタンドや座り心地のよさそうな一人がけソファのデザインにも、香子のセンスのよさが垣間見える。ベッドの足元側にはこうじ用のスペースが設けられていて、こうじはここでゆったり寛ぐことも。

## 4 陽人の部屋

リビングに隣接した陽人の部屋は、ダークトーンで統一。大きい机の上には、デスクトップパソコンのほか、ノート型パソコンも並ぶ。モニター画面での顔映りが悪くならないよう、専用の照明も周囲に設置。長時間のデスクワークでも体への負担が少ないよう、人間工学に基づいてデザインされたチェアを使っている。大きな棚には、心理学関係の本がズラリ。

## 5 羽瀬の部屋

部屋の空きスペースをすべて埋め尽くしそうなほど、過去の作品や、作品制作用のさまざまな道具でいっぱい。机には画集や画材が無造作に置かれ、壁にはデッサンやラフなどが何枚も貼られていて、羽瀬の生活がアート制作を中心に回っていることが伝わってくる。可動式のスチールラックを収納に使っており、そのラックにもモノがギッシリ。

## 6 カウンターキッチン

コンロと調理スペース、流し台があり、ひと通りの調理はまかなえる。真柴たちがメインで使っているのは、このキッチン。カウンターはＬ字型で、三〜四人が同時に座れるくらいのサイズだ。料理をする人と食べる人の間でコミュニケーションが取りやすいつくりになっている。１話で、真柴が駿のカレーを涙しながら食べたのが、このカウンター。

## 7 業務用キッチン

より本格的な料理をしたいというときに活躍するのが、こちらの空間。ガラスの仕切りを挟んで、カウンターキッチンの奥に位置している。コンビオーブン、大鍋も洗える深めのシンク、より大きな火力のガスコンロ、たくさんの種類の鍋など、レストランの厨房レベルの調理環境が整っており、料理人の駿もストレスなく料理に没頭できる。

## 11 洗面所

カウンターや鏡のフレーム、棚を木でまとめた、自然のぬくもりを感じられる空間。タオルを茶系で統一したり、収納にカゴを使ったりといった工夫で、ホテルのような優雅さを実現。お風呂は共用なので、各自、使用する時間をボードに書いておくスタイル。長風呂すると、ほかの人に迷惑がかかるので注意!?

## 10 バスルーム

一日の疲れを取るなど、リフレッシュには欠かせないバスタイム。１話では、ケータイをいじりながら入浴する真柴の姿が見られた。ベージュやブラウンを取り入れた内装で、洗練された印象。外に面して大きな窓が取り付けられているのもポイント。窓の向こうに置かれた観葉植物のグリーンが目に優しく、心も体も解きほぐしてくれる。

## 8　ダイニングルーム

玄関から入ってすぐの場所に広がるのが、シェアハウスの中心部であるダイニングルーム。吹き抜けならではの開放感が圧巻。土間のようなつくりになっており、中央に八〜九人掛けの大テーブルが置かれている。テーブルの椅子の種類がいくつかあるのは、家主のこだわりか？　向かって左側がリビングルーム、右側がキッチン、奥に２階へと続く階段があるというモダンな構造。

## 9　リビングルーム

約42畳と、こうじが気ままに動き回れるほどの広さ。中央にはロータイプのワンアームソファとアームレスソファを組み合わせて置き、ごろりと寝転がることも可能な寛ぎ空間。ソファ正面に大型テレビがあるほか、香子の設備投資により、ホームシアターも導入された。壁一面が窓で、日中は外からの光がたっぷり入り、心地よさは格別。壁に沿って置かれたチェアは、ひと息入れるのにぴったりの休憩場所。

## 13　こうじのクッション

シェアハウスの大事な一員、こうじの定位置は、リビングルームの大きな窓のそば。正方形のクッションが置かれていて、その近くにはお散歩用のリードが置かれている。何もないときはクッションの上に寝そべり、みんなの様子を大人しく見守っているが、名前を呼ばれるなど何か変化を感じ取ると、周囲の動向にいち早く反応し、近くへと走っていく。

## 12　ランドリールーム

外に面したランドリールームも、共用。高級な一体型洗濯乾燥機が３つ置かれていて、外干しが難しい時季にもバッチリ対応。ここで、駿がアイロンをかける姿も見られた。シェアハウスの面々が洗濯をするタイミングは重なることも多く、ここでちょっと親密な話をするなど、住人同士がコミュニケーションを取る場として、しばしば登場。

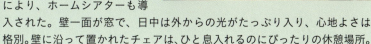

# #koji

## 五人の癒やし犬“ こうじ ”
## 愛されショット

## who is koji?

香子の大切なパートナーであり、シェアハウスの住人みんなにかわいがられている〝こうじ〟。名前は、味噌や酒、酢、何にでもなり、健康増進効果にも優れている〝麹〟から。ちなみに、呼び方のイントネーションが違うと、呼ばれても反応が鈍い。ミルクティー色の長い毛と、三角の耳が特徴的。保護犬のため、何歳なのかは不明だが、人懐っこくて聞き分けがよく、シェアハウス内の空気の変化も敏感に察知する。お散歩が大好きで、運動神経バツグン。

o

i

k

j

# #off-shot

## 撮影現場のオフショット

ドラマ撮影は時間との戦い。のはずが……、作品を引っ張る川口春奈さんと横浜流星さんの人柄で、撮影現場は自然な笑顔がいっぱい！　ここでは、シェアハウス、お出かけ、こうじのお散歩など、さまざまなシーンから“オフの瞬間”をピックアップ。貴重なメイキングカットも公開しちゃいます。

# #staff_talk

## 脚本／金子ありさ
## 演出／塚原あゆ子　プロデュース／新井順子

# スペシャル鼎談

**——『着飾る恋には理由があって』の企画は、どのようにして始まったのでしょうか？**

**新井**　始まりは、「金子さんと火ドラをやろう」というところからですね。それまで金子さんと『私結婚できないんじゃなくて、しないんです』や『中学聖日記』をやってきていましたが、どちらも一風変わったラブストーリーだったので、次はストレートなラブストーリーがいいなと思っていました。編成からは「〝キュン〟が必要！」と言われ、私は「キュンとは何だ？」とインターネットで検索をかけて調べました（笑）。

**塚原**　〝キュン〟って、人それぞれですからね。

**新井**　そう。そんな中で「シェアハウスを舞台にする」という案が出て、生き方も価値観もまったく違う、さまざまな世代の男女が一緒に暮らすというベースが、少しずつ固まっていったのです。

**塚原**　世界がこういう状況になったことで、日常で誰かと思いがけず出会ったり、突然人を好きになったりというような、ドラマチックなことが起きづらくなったなと感じていました。また現状では、「マスクのない世界を描く」という時点で、ひとつの仮想世界を作らなければならないわけですが、シェアハウスという〝室内〟を中心とした恋愛なら、視聴者に現実との乖離《かいり》をそこまで感じさせることなく、物語を描けるのかなと思いました。

**金子**　私は私で、求められている〝キュン〟は何なのか、非常に悩みました。別にキュンの請負人というわけではないので（笑）、チームとして求められていることを常に考えます。前作『恋つづ（恋はつづくよどこまでも）』と同じ火曜10時の枠で、どんなテイストのラブストーリーにするのか、「このチームならではの〝キュン〟とは？」を探る作業が大変だったなと、振り返って思います。

**——今回の作品で、SNSに縛られている女性を主人公にしたのはなぜですか？**

**新井**　私自身、これまでに仕事でSNSを担当したことがあり、こまめにインスタグラムに投稿し続けるのは本当に大変なことだと実感したのです。しかしその一方で、「投稿、楽しみにしています」というフォロワーさんの声に励まされることも多く、とくに人と直接会うことができなかった時期は、SNSで人との繋がりを感じて、「私は一人じゃない」と気持ちが救われた部分が確かにありました。SNSにはいい面も悪い面もあり、そこを描いていけば面白いのではないかと思うようになり、インスタグラムで自分を〝盛る〟

ヒロインと対比させるかたちで、ミニマリストの男性像が浮かんできました。ミニマリストって、塚原さんが出した言葉だったよね？

**塚原**　そうだったと思う。ただ調べれば調べるほど、「たぶん、〝着飾る〟の対義語にあたる言葉ではないよね」という話になったけれど（笑）。ミニマリストも、いろいろいますから。

**新井**　また、「こうでなければならない」という考え方の主人公が、シェアハウスで自分と違う価値観に触れ、「そういう生き方もあるんだな」と視野を広げ、いろいろなものを〝脱ぐ〟過程を描きたいと思ったというところもあります。

**――主演に川口さん、横浜さんをキャスティングされた理由とは？**

**新井**　川口さんは、ＹｏｕＴｕｂｅチャンネルを拝見して、「こんなに素を見せる方なのか」と驚いたんです。テンションがすごく高いというわけでもなく、ときには変顔もするなど、等身大な姿が魅力的だなと思いました。

**塚原**　それに、インフルエンサーというおしゃれなイメージも、ぴったりハマりますよね。

**新井**　脚本を書き出す前にご本人とお会いして、「うん、男前！」と思いました（笑）。さっぱりした気質の方です。当初は人見知りされていたようですが、今はみんなに心を開いてくださっていて、その様子を見ると嬉しいですね。

**塚原**　シェアハウスのセットでの寛《くつろ》ぎぶりは、まるで自分の家にいるかのよう（笑）。かわいらしいです。

**新井**　横浜さんに関しては、数年前に、とある授賞式の裏でご本人から声をかけられたことがあって。「湊かなえさん原作のドラマが好きでした。いつか一緒にやらせていただきたいです」と言っていただいたんです。マネージャーさんからもそうお聞きしていて……。でも、なかなかタイミングが合わなかったのですが、今回の役は年齢的にもぴったりだと思い、オファーしました。

**金子**　「えっ？　ラブストーリー？」と、思われたかもしれないですね（笑）。

**新井**　オファーする際に、「サスペンスじゃないんですけど……」とお伝えしました（笑）。

**――真柴と駿というキャラクターは、どのように作られたのでしょうか？**

**金子**　真柴のイメージが固まるまでは、いろいろ悩みましたね。

**新井**　真柴は27歳の設定だったので、〝天然〟〝ドジっ子〟というキャラでは、視聴者の共感を得るのは難しいだろうと思っていました。そこで、専門学校を卒業して働き始めて数年。仕事で任される案件が増え、新人と上司に挟まれ、やりがいがある一方でいろいろと悩みも出てくる……という立場の女性になりました。

**金子**　そして横浜さんの演じる藤野駿というキャラクターには、気を砕きましたね。横浜さんがこれまで演じてきた役とは、まったく違いましたから。駿に関しては、私、ひとつとても印象に残っていることがあって……。彼のキャラクターをどう作ろうかという話になったときに、塚原さんがウィル・スミスの動画を持ってきたんです。

**塚原**　映画の番宣で、シャーリーズ・セロンと一緒にバラエティ番組に出演していたときの彼が、とてもキュートだったから、こんな感じかなと思ったんです。

**金子**　その映像を見て、等身大の、茶目っ気のある、よくしゃべる男の子のイメージが湧きました。キュンドラマの様式美である、〝ド

Sな男〟や〝クールな男〟ではなく（笑）。

**塚原**　横浜さんにはその映像は見せませんでしたが、代わりに『男女7人〜』の（明石家）さんまさんがイメージなので、あの作品を全部観てください」とお願いしました。横浜さん本人はとても真面目な好青年なので、彼の中から駿の要素を引き出すのはたぶん難しい。きっと演じるしかないだろうなと。

**金子**　『男女7人〜』も大きなヒントになりました。実は、全連ドラの中でいちばん好きな作品なのです。ウィル・スミスのヒューマニティ、『男女7人〜』での、さんまさんと（大竹）しのぶさんの掛け合い。目指すべきはこの2つの要素が組み合わさったラブストーリーだと。人と人との掛け合いのドラマをやるのだと、自分の中で道が見えた感覚がありましたね。

**新井**　横浜さんから希望があり、顔合わせ前に数回、役作りに向けて話し合いをしました。役を掴むのには、苦労されたと思います。料理もありましたしね。

**塚原**　駿を演じるには、かなりテンションを上げなければいけないので、きっと大変なはず。彼は今も、壁に挑み続けている気がします。

> 「思いついたキュンを脚本に盛り込んでいただくのですが、キュンありきで話を考えてはいけないと、後半で気づきました（笑）」（新井）

**——今回の作品は〝うちキュン〟が大事な要素のひとつになっていますが、〝キュン〟シーンはどのように生まれるのでしょう？**

**新井**　まず、作中でやってほしいキュンを私が金子さんに伝えます。それを、金子さんが脚本に落とし込んでくれて。

**塚原**　私たちはそうしたキュンを、「（新井）順子の妄想劇場」と呼んでいます（笑）。

**新井**　金子さんは私の思いついたアイデアを一生懸命、話の流れに入れてくれるのですが、準備稿を読んでみると違和感があり、書いてもらったものの、「すみません！　やっぱり要りませんでした」とカットすることも多々（笑）。

**金子**　『中学聖日記』のときから、その作り方です。もちろん私たちも爪痕を残そうと、本打ち（脚本の打ち合わせ）で自分の考えたキュンを披露するのですが、「えー！」「それはない」と却下されたときの気まずさといったら……公開処刑されている気分（笑）。

**塚原**　わかります（笑）。

**新井**　塚原さんに却下されることも、よくありますよ。

> 「本当にたくさんのボツキュンがありました。ドラマに描かれているのは厳選されたキュンです！」（金子）

**塚原**　お二人よりリアルに、現場で俳優さんと向き合っていますからね（笑）。

**新井**　夜中に金子さんと電話しながら盛り上がって、「いいね、いいね！」とプロットに盛り込むと、次の日に、それを読んだ塚原さんから「気持ち悪い」とバッサリ。

**塚原**　俳優さんたちにそれをやらせるときの、私の気恥ずかしさを考えてほしいです（笑）。自分がちゃんと指示できるキュンでなければ、お芝居として成立させられませんから。

**新井**　確かに。キュンありきで話を考えると、どうしてもうまくいかなくなることが多いんです。先に話の線を考えて、後からキュンを入れるようにしないと、ストーリーになじまないんだなというのが、後半戦になってわかってきました。

**金子**　視聴者の皆さんのところに届くまでに、本当にたくさんのボツキュンがあるんです。お届けしているのは、厳選されたキュンです！

**塚原**　インスタなどでキュンを喜んでくださっている方の声を聞くと、「私が潰してきたキュンを、欲している人たちが、たくさんいるんだな……」と思うんですよね。ドラマを見て、「あれを真似したい」「これについて語りたい」と思う。それこそがエンタメの意義だなと気づかされ、殊勝な気持ちになります。

**新井**　でも頭の中でイメージするのと、実際にやってみるのとでは、やっぱり全然違いますから。ボツにするのも、必要な作業ですよ。

**金子**　キュンといえば、向井さん演じる葉山についても触れたいところなのですが……、彼を1話で一旦退場させ、5話で再び登場させた。そこが私たちの最大の賭けだったと思います。本来なら2話以降も普通に登場するはずですが、そうすると、どうしても真柴と駿、葉山との三角関係がメインになり、2〜4話で描いたエピソードは後回しになってしまいます。それでは〝うちキュン〟の趣旨からずれてしまうということで、あの「向井理さん」を敢えてベンチに控えさせているという状態。例えるなら、メッシがベンチにいるようなものです！

「私が潰してしまったたくさんのキュンを欲している人たちがいるのだとインスタを見て感じました」（塚原）

**塚原**　メッシ！　なるほど。すごいパワーワードが出たね（笑）。確かに現場で6話を撮っていたときは、「いよいよシャチが来たぞ〜！」という感じがしました。

**新井**　あそこから、まったく違う話が始まった感がありました。俳優さんたちもあの展開には驚いたようで、台本を渡した翌日には、いろいろな方から「どういうことですか!?」と聞かれましたよ。

**金子**　この後、葉山の存在がどう効いてくるか、私自身も楽しみにしているところです。

**——このチーム（三人）での仕事、どのようなところによさを感じていますか？**

**塚原**　監督は、脚本の決定稿打ち合わせだけ参加するというパターンも少なくないのですが、新井さん、金子さんとの仕事は、脚本を練る段階からやりとりを重ねていきます。そのキャッチボールがあるので「この作品でやりたいことは、こういうことか」と作品の核を掴んでいくことができますし、台本がまとまったときも、私が頭の中で描いたイメージとズレがない。それが、お二人とやっていてラクなところですね。

**金子**　私としては、自分の脚本のいいところが増幅され、足りないところは補ってもらえるチームという感覚です。私は「ここが沸点だよね」というところに向けて物語を構成していくのですが、お二人は、その沸点が最大限盛り上がるよう作ってくださいます。芝居のヘソに向けて、同じ動線を辿ることができているという安心感がありますね。また、複数のキャラクターのドラマを織りなしていくと、どうしてもこぼれる部分が出てくるのですが、そこを逃さず指摘してもらえるのも、ありがたいです。

**新井**　私はとにかく思いついたことを言い、いいところを拾っていただいているだけです（笑）。

**塚原**　キュンを却下するとしょんぼりされてしまうけれど……、私は気にしません（笑）。

**新井**　お互い率直に意見をぶつけ合い、ひとつひとつ納得しながらやっているという感覚ですね。台本がまとまったら、あとは現場が何とかしてくれると、信頼をおいています。そういった態勢で臨めるのは、ありがたいことだと思います。

**――最後に、最終話に向けての想いをお聞かせください。**

**金子**　ラブストーリーのさや当ても十分に楽しんでいただけるようにしたいですが、バラバラの人生と個性が集まってひとつの家にいるお話なので、それぞれの行く先をきちんと描きたいですね。〝好きなとき、好きなように、好きな誰かと暮らす〟というコンセプトで始まった話が、各々、どういう「好き」を見つけて未来に向かっていくのか。早乙女家を見守ってもらえればと思います。

**新井**　シェアハウスをして、いろいろなことを感じ取った登場人物たちが、どんな選択をするのか。現状維持の人もいるでしょうし、新しい挑戦をする人もいるでしょう。また、人と一緒にいること、誰かと生きていくというのはどういうことなのか。視聴者の方々が考える、ひとつのきっかけになればと思っています。

**塚原**　うちキュンの〝うち〟は、単純に家という意味ではないんですよね。〝うち〟を自分の心の中だと思えば、たとえ今までのように気ままに外出ができなくても、SNSなどで誰かと繋がり、キュンとできる機会はきっとある。限られてはいるかもしれないけれど、人を好きになる可能性は広がっているよという希望が、うまく伝わればいいなと思っています。毎日つらいことが多く、「できない」ことを考えていると心が疲れてしまうので、直接人に会えない状況でも、今までとは違う楽しみがあるのだと、ドラマを通じて気づいてもらえたら。そして「明日、頑張ろう！」と思っていただけるような終わり方になっているといいなと思います。

## profile

**arisa_kaneko**　脚本家・小説家。近年のドラマ作品に、『私 結婚できないんじゃなくて、しないんです』（2016年）、『中学聖日記』（2018年）、『恋はつづくよどこまでも』（2020年）などがある。『ヘルタースケルター』（2012年）、『羊と鋼の森』（2018年）など、映画作品も多数手掛ける。

**ayuko_tsukahara**　演出家／TBSスパークル所属。近年のドラマ作品に、『私 結婚できないんじゃなくて、しないんです』（2016年）、『リバース』（2017年）、『アンナチュラル』『中学聖日記』（ともに2018年）、『グランメゾン東京』（2019年）などがある。2018年には映画作品『コーヒーが冷めないうちに』で監督を務めた。

**junko_arai**　プロデューサー／TBSスパークル所属。近年のドラマ作品に、『私 結婚できないんじゃなくて、しないんです』（2016年）、『リバース』（2017年）、『アンナチュラル』『中学聖日記』（ともに2018年）、『わたし、定時で帰ります。』（2019年）、『MIU404』（2020年）などがある。

# #drama_staff

脚本

金子ありさ

音楽

神山羊

兼松衆

田渕夏海

主題歌

星野 源「不思議」(スピードスターレコーズ)

プロデュース

新井順子

演出

塚原あゆ子

棚澤孝義

府川亮介

製作

TBSスパークル

TBS

# #book_staff

企画・構成／石井美由紀
装丁・デザイン／荒川晃久
取材・文／木下千寿
　　　　　小竹亜紀
撮影／山口宏之（COVER、P22～29、P34～37、P40～43）
　　　立石桃子（ドラマ場面写真）
　　　ISOBE AKIKO（P2～3）
衣装／山田知佳
スタイリング／杉本学子 (WHITNEY)
ヘアメイク／林 美穂
持ち道具／下岸美香
レシピ／服部栄養専門学校
制作協力／TBS スパークル

公式《こうしき》 うちキュン♥BOOK《ブック》
着飾《きかざ》る恋《こい》には理由《りゆう》があって

2021年6月21日　第1刷発行

講談社《こうだんしゃ》・編

発行者　森田浩章
発行所　株式会社講談社
　　　　〒112-8001
　　　　東京都文京区音羽 2-12-21
　　　　電話　編集 03-5395-3474
　　　　　　　販売 03-5395-3608
　　　　　　　業務 03-5395-3603
　　　　　　　　（落丁本・乱丁本はこちらへ）

KODANSHA

印刷・製本所　凸版印刷株式会社



Printed in Japan
ISBN 978-4-06-524528-6
N.D.C.778 95p 26 cm